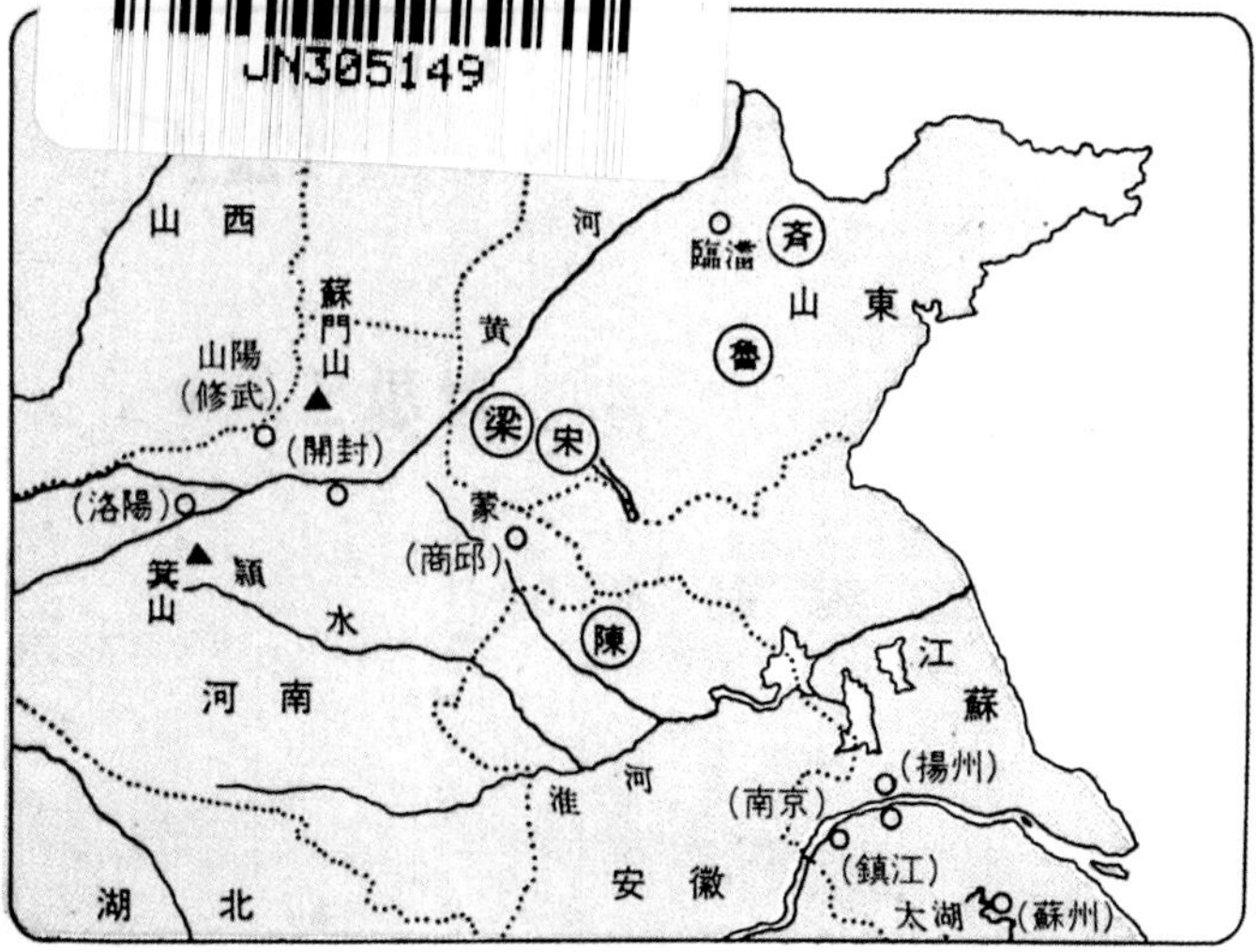
山西
黄河
蘇門山
山陽
(修武)
(開封)
(洛陽)
箕山
潁水
河南
梁
宋
蒙
(商邱)
陳
臨淄
斉
魯
山東
江蘇
(揚州)
(南京)
淮河
安徽
(鎮江)
太湖
(蘇州)
湖北

〔荘子関連地図〕

はしがき

「道は自然に法《のっと》る」とは、老子のことばであるが、この哲学が、中国や日本の、東アジア文化圏に及ぼした影響は大きい。この場合の「自然」とは、ありのままということである。いたずらな人為《じんい》を加えないということである。こうして「無為《むい》」ということが、老子の人生哲学として、また政治哲学として説かれてきた。老子はいう、「無為を為《な》せば、すなわち治《おさ》まらざる無《な》し。」

この哲学は、まことに抽象的《ちゅうしょうてき》であって、具体的に理解をすることはかなりむずかしい。それを、たくみなたとえばなしをとりいれながら、多角度的、多面的に説いたのが『荘子《そうじ》』である。『荘子』は、「無為を為す」ということはどういうことなのか、なぜ人間社会において「無為」ということがたいせつになるのかを、さまざまの場に即《そく》して考え続け、説き続けた。

『荘子』は、後に述べるように、一人の哲人の著作ではない。その哲学を信奉する多数の人々によって、いろいろな場と時において説かれたものを、集めて大成したものである。したがってそこには、「無為を為す」ということについても多様な見解、多様なくふうが示される。その多様な見解、多様なくふうの一部をとりあげ、それを思想的に解明しようとするのが本書の第一の目的である。

『荘子』はふつう、消極的隠遁《いんとん》の思想を説き、観念論を展開させたものと理解されている。しかしわたくしはそのように考えない。「無抵抗の抵抗」ということばがあるが、「無抵抗の抵抗」の思想にたって、そのあり方の具体を考えようとしたのが、むしろ『荘子』の本質であると考える。また『荘子』は、楊朱の個人主義、社会主義を思わせるような、墨家の兼愛主義の思想も、自派の考え方のなかにとりあげ、一方また、名家《めいか》の論理の進め方にも学びながら、その学説を展開させた。そこに『荘子』学派の、思想としての新しさと柔軟性とがある。そうしたことは、これまであまり説かれなかったところである。わたくしはとりわけ、そうした特色をクローズ・アップさせるべく意を用いて叙述した。本書の第二の目的は、『荘子』思想の性格を解明しようとしたところにある。

『荘子』の哲学が、中国の後代に与えた影響は、たいへんに大きい。もちろん日本の思想や文芸にも、大きな影響を与えている。いちばん大きな影響は、中国仏教の形成にはたした役割、とくに禅に及ぼした影響であろう。そのことはこれまで、中国哲学の側の人もあまり説かなかったし、また仏教の側の人もあまり注意しなかった。中国哲学研究と、仏教研究とが、お互いに交渉なく独自に進められてきているがために、思わぬ盲点ができてしまったのである。わたくしは仏教学者ではないから、仏教のことをくわしくは知らないが、かねがね荘子と禅との関係を考えることが必要であると思っていた。

今回、著作の機会を与えられるにともない、『荘子』の後世に与えた影響、とくに禅との関係について、アウトラインをしるすことにした。それが本書著述の第三の目的である。

以上の三つの目標・目的をもって『荘子』の解明をこころみたのであるが、『荘子』の思想の概略を、わかりやすく説くということは、やはりむずかしいしごとである。世のなかが複雑になり、あちこちに分裂症状が示されるようになると、わかりあうということが困難になるが、わかりあうための前提になるわかるはなしをするということが、またさらにむずかしい。戦国時代の混乱期にあって、『荘子』学派の人たちは、人間社会の真の平和を求めて、わかりあうための、わかりやすい説をいろいろとくふうし、説いたのであったが、わたくしの熱意と知恵は、なお『荘子』学派の人々に及ばぬようだ。今後、そうした方向への修行が、わたくしには必要であるように思える。

ありていにいえば、今日の社会においては、社会一般の人々が、『荘子』学派の機知と知恵と、人間社会の真の平和を求める熱意、そしてその夢を実現させるための努力とに、もっともっと学んでよいのではないか。『荘子』の現代的意義は、そうしたところにまず求められるであろう。人々が『荘子』に示された知恵を身につけるならば、世のなかの低次元な無用のいさかいは、ばからしくなって、少なくなるはずだ。そうした夢を持ち続けながら、本書を執筆できたのは、いやなことにふりまわされがちないまのわたくしの、一つの救いであった。読者諸賢が、いまこのときにあえて『荘子』を執筆したわたくしの意のあるところをくみとってくれるならばさいわいである。

最後に、本書の著述をおすすめくださった東京教育大学倫理学教授小牧治博士、清水書院の編集長 芝盛雄氏に、お礼を申しあげたい。たいへん気持よく筆が進みました、と。

昭和四十八年四月十二日

東京世田谷の陋居にて

鈴木　修次

目次

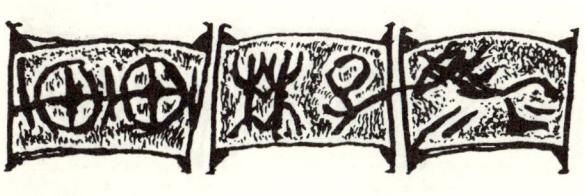

序論

東方文明の始源

西方、ナイル川の下流流域において、ソクラテス（前四七〇―三九九）・プラトン（前四二七―三四七）・アリストテレス（前三八四―三二二）などの、西方精神文明の始祖になる、諸哲学者が活躍したのよりも少しはやく、東方の黄河流域地帯においては、孔子（前五五二―四七九）が存在し、やや遅れて戦国時代にはいっては、「諸子百家」、あるいは別には「九流百家」と称されるたくさんの哲学者、思想家があらわれた。紀元前五世紀から前四世紀にかけては、人類の思想の形成期であったといえる。孔子をはじめとし、「諸子百家」といわれる中国の思想家に、インドの釈迦《しゃか》を加えて、それらは東方文明の元祖となった。

中国の春秋・戦国時代、あれほどにさまざまな論理と主張とを持った思想家が、一時に開花するごとくにかたまってあらわれたのは、なぜであったろうか。そのエネルギーの原因や理由を、十分

ソクラテス

プラトン

に明らかにすることはできない。人間の文明には、潮時といったもの、また、それに応じる大潮のような現象があるらしい。

「諸子百家」のそれぞれは、人間の社会はどうあったらよいのか、また人間個人はどうあったらよいのかという問題を、いろいろな角度から追及した。当時中国では、さまざまの異なる力を持ち、経済基盤をも異にした列国が存在していた。それらの列国は、天下の征覇をねらって、新しい哲学を持とうとした。その気運に乗じてあらわれたのが、世にいう「諸子百家」である。

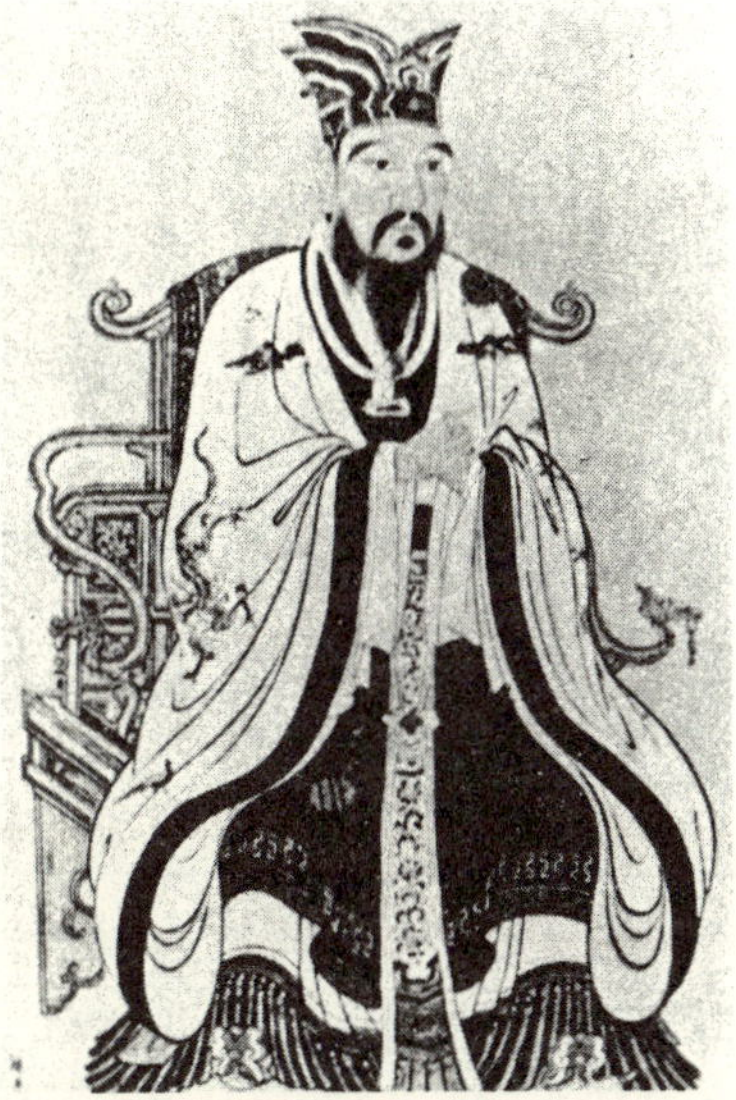
孔　子（狩野探幽筆）

体制維持の思想家

「諸子百家」のなかには、富国強兵のための方策を説き、国家の利を第一として説くものもあった。また一方、国家を組成するのは人間だ、だから個々の人間の向上と大成とがよりたいせつだと主張する者もあった。儒家がそれである。しかしやがて、一つのやっかいな問題が生まれてきた。それは、国家が国家として、効率のよい力を発揮するためには、政治権力を強くすることが、必然的に必要になってくることである。その権力の問題を、どう処置したらよいのであろうか。権力は、その力を維持するために、しだいに体制をかためてくる。体制にはみ出た者は、いきおい反抗者となり、やがては被征服者として抑圧されることになる。思想家のなかには、進んで権力や体制の力を強化するために説をなす者もあらわれてきた。また、体制からはみ出ないことを前提にして、人間の生き方の哲学を説く者もあらわれてきた。儒家はしだいに、後者の傾向をとりはじめた。

反体制の思想家

しかしここに、それでよいのだろうか、人間社会は、そうした方向に直進して、はたしてすべての人々がしあわせになれるのだろうか、と考える思想家たちもあった。そうした人間のあり方の本質の問題を考える思想家たちは、体制擁護の側からみれば、好ましからざる人々であった。また、そもそもが抑圧され続けた人々であり、反体制の立場にあった人々のなかに、進んでそうした根源的問題を追及する人々があった。墨子《ぼくし》、およびその後学者たちは、その代表であった。

疑念なく体制に参加する人々には、ものごとの前提になる考え方を、懐疑的に考えなおしてみるということをあまりしない。むしろ、前提になる考え方を無限定に正しいとして、現象面に即してのみの技術的改良をはかろうとする傾向が強い。そうした傾向に対して冷笑をあびせかけると同時に、前提になる価値観はつねに絶対的なものではなく、たえず浮動するものなのだということを、人目をそばだてる論理を駆使しながら説くという一派の人々があらわれてきた。それらは名家《めいか》と一口に称されるソフィスト（詭弁学者）たちである。

名家の論理

名家の論理は、一見論理の遊戯に堕している感もなくはないが、価値が変動するときには、当然、違った価値観にふまえた論理の構築が必要になる。その結果は、従前、あたりまえだとしてごく自然に考えられていたことが、実はあたりまえではないのだということになってくる。あたりまえであるとしていることは、実はあたりまえではないんだぞ、と例証をあげて説こうとするのが、名家なのであった。「白馬ハ馬ニ非《あら》ズ」・「堅石《けんせき》ハ石ニ非ズ」などは、名家の、人目をそばだたせた代表的な論である。

名家が、実は、社会平等観にもとづく兼愛《けんあい》を説く墨家から、しだいにめばえたものであることを忘れてはならない。また、兼愛の思想から、やがては「万物斉同《せいどう》」、すべての存在物は、みな同一の価値を持つのだという考え方が生まれてきた。墨家の流れを引くと考えられる、彭蒙《ほうもう》・田駢《でんべん》・慎《しん》到《とう》らが、その主張者である。そのうち、田駢・慎到は、斉《せい》の稷下《しょっか》（後述）に集った学者の仲間とされている。『荘子』の思想は、これら稷下の学者たちの見解をいちはやくとりいれて、独自の思想を形成させていったのであった。

荘子思想の形成

『荘子』は、現実の相対的社会のうずに引きこまれて相対社会の闘争の場においてどろんこになるところには、人間のしあわせはないと考えた。人間の真のしあわせは、相対の世界を超越するところにこそあるはずだ。そのためには、どうしたらよいか。考え方の視点をかえることだ。次元を異にする別の価値の世界を構築することだ。『老子』のことばにもいうではないか、「道ノ道トスベキハ、常ノ道ニ非ズ。名ノ名トスベキハ、常ノ名ニ非ズ。」と。これが道だ、これが道だとして説かれる道は、相対社会における秩序意識にもとづくそれであって、そうした道が、そのまま絶対社会の道としては通用しない。馬だ、牛だ、君子だ、小人だ、是《ぜ》だ、非だ、といいあったところで、それらは現象社会の定義にもとづく議論であるにしかすぎない。たとえ現象社会で勝利を占める議論が示されたにしても、それは絶対不動の議論ではないのだ。「白馬ハ馬ニ非ズ」の論もあるではないか。論理のたて方いかんでは、「堅石」は「石」でなくなる。きのうの忠臣は、いったん権力構造がかわれば、逆賊になるのが世のつねではないか。『荘子』はそこで、考えの前提に老子の哲学を置くことにした。

奇想天外の寓話

相対の世界を超越せよと一口にいっても、自分たちが生きている世界がすでに相対的世界である以上、それを越えるということはいったいどういうことなのか、また、どういう状態が絶対的世界のものなのか、それを理解することは決して容易でない。

『荘子』はそれをわからせるために、さまざまの寓話を用意して、具体的なはなしにふまえつつそれを説いた。その寓話のおもしろさは、まことにみごとである。奇想天外とは、まさしく『荘子』の寓話のようなものをいう

荘子と楊・墨

思想としての『荘子』は、墨家から生まれた「万物斉同」の考え方にあわせて、楊朱の「全生保真」の考え方を、高い次元において一に帰着させるという立場をくふうした。墨家のいわば社会主義的思想に対して、楊朱の立場は、極端な個人主義の姿勢をとる。社会主義的考え方と、個人主義的考え方とは、現象的には明らかに矛盾し、対立する。しかしそれは、相対社会における矛盾であり対立でしかないのだ。どういう生き方であれ、生きるということは、自己を全うさせることでしかないではないか。自己を全うさせるということは、権力構造の社会においても、自己を全うするのでなければならないし、自己をめぐる他物、おしなべて万物との関係においても、自己を全うするのでなければならない。そのためには、自己と他、自己と万物との区別を設けない境地に自己を置くことによって、自己が全うされると同時に、万物が全うされるということになるのでなければならない。『荘子』は、そのように考えた。

権力と自己

権力構造の社会において、自己を全うするにはどうするか。世間では、権力者に追随し、おべっかをつかうことによって身の安全が保たれると思っている人々も多いが、そんなことは実は、権力者の「痔《じ》」をなめる（雑篇、「列禦寇《れつぎょこう》」第三十二）ことでしかなく、最低の生き方なのだ。むしろたいせつなことは、権力に執着する人間意識を変えることだ。たとえば権力者に対しては、権力維持のためのくふうがいかにむなしいものであり、「大偽《たいぎ》」に満ちたものであるかを知らせること、そして、万物をあるがままに生かす「斉同」の社会を作るべくつとめさせることだ。そしておのれは、権力社会から離れてくらす知恵を持つこと。そうすれば、人間の社会から権力構造そのものがなくなるのだ、と『荘子』は考えた。いわゆる「無為の治」の考え方は、『十八史略』にしるされている堯帝《ぎょうてい》のはなしによってよく知られているのであるが、そうした考えや説話の出発は、実は『荘子』にある。

偉大なる渾沌の書

『荘子』は、寓話のなかにしばしば名家の論理のおもしろさを生かした論法を用いる。それによって寓話のきれあじをいっそう鋭いものにし、その寓話を変化に富んだおもしろいものにしたてていった。

考え方の次元をかえよ、次元をかえた世界に生きよ、相対の価値にとらわれるな、——『荘子』の寓話は、くりかえしくりかえしそのことを説く。たとえばいう、人間の社会にはあまりにも闘いいが多すぎる。闘っている双方は、それぞれに自己の論理から生まれた正義を主張してゆずらない。しかしそれは、しょせん「蝸牛角上《かぎゅうかく》の争い」、かたつむりの右のつのと左のつのとの争いでしかないのだ（雑篇、「則陽」第二十五）。それを闘いぬいて何になるのか、当のかたつむりは死ぬだけだ。

『荘子』の論法は、そうしたところにあざやかに展開される。

まことに『荘子』は、珍奇にしておもしろい本である。しかし、しばしば論理の矛盾も存在する。たとえば「聖人」ということばを、価値ある存在として使ったり、価値なき愚物として使ったり、その用語の扱い方が一定しない。孔子を、プラスの価値の存在として扱ったり、マイナスの価値の存在としてからかいの対象にしたりもする。その思想も、かならずしも一貫して発展的には流れない。ときによれば、それは渾沌《こんとん》の書であり、無秩序の書であるという感をすら抱かしめる。

『荘子』思想の影響

しかし、それだからこそ、長い時代にわたってさまざまの立場の人々に読み続けられ、無限の新たな知恵を生み出す源泉になったのであるといえる。たとえば三世紀の阮籍《げんせき》（二一〇—二六三）や嵇康《けいこう》（二二三—二六二）は、『荘子』を読みながら、「大人先生伝」（阮籍）や「養生論」（嵇康）を生み出した。『荘子』の用語や発想は、仏典の漢訳にさいしていろいろと活用された。唐代、すぐれた禅僧たちは、人間のあり方を考え続ける過程において、やはり『荘子』に親しんだらしい。禅でいう「道は何《いず》こに在りや」の議論や、「父母未生《みしょう》以前の汝《なんじ》の本体は何か」などの問題は、唐代の禅僧から生まれたものであるが、実はその源は、ともに『荘子』にある。「雷声《らいせい》にして淵黙《えんもく》」（外篇、「天運」第十四）、あるいは「淵黙にして雷声」（外篇、「在宥《ゆう》」第十一）のように、『荘子』のことばがそのまま禅語として用いられている例もある。『荘子』と禅とは、なかなかに深い関係にある。

中国の知恵を形成させるために『荘子』がはたした役割は、実に大きい。儒者であろうことを志した人であっても、反面、心の修養の書として『荘子』を愛読した。たとえば杜甫《とほ》がそうであり、蘇軾《そしょく》（東坡《とうば》）がそうである。毛沢東も『荘子』の読者であった時期があったに違いない。毛沢東が説いた「愚公《ぐこう》山を移す」のはなしは、『荘子』にまねて作られた書物である『列子』のなかにしるされているはなしである。

日本文学や日本思想においても、『荘子』の投影は大きい。『徒然草』に、「書《ふみ》は文選《もんぜん》のあはれなる巻々、白氏文集、老子のことば、*南華《なんが》の篇」と『荘子』がとりあげられていることは、いま改めていうまでもないが、たとえば芭蕉と『荘子』についても、このごろ専門学者による論文がいろいろに示されている。日本文学や思想における『荘子』の投影を系列づけ、跡づけるならば、それは大著になるであろう。

そうした『荘子』の影響を、この一冊ですべて説きつくすことは、とうていできない。いまはとりあえず、『荘子』の思想の大筋を大観し、その影響のめぼしいものを摘記するにとどめざるをえない。今後、腰をすえて『荘子』に関心を持ち続ける人が、若い世代から生まれることを、切に期待するものである。『荘子』の本格的研究は、これから始まるのだ。

＊　唐代、玄宗皇帝の天宝元年（七四二）、荘周に南華《なんが》真人《しんじん》の号が贈られたのにちなんで、『荘子』を南華真経《しんきょう》といった。

I

荘周と『荘子』

荘周という人物

『荘子』の著者

『荘子』の著者は、荘周という人物であると一般にいわれている。もっともこの場合の著者というのは、むしろその言説の主唱者であるといった方が適切である。非常に古い時代のことであるから、今日のように、著者が直接に紙に著述するということはありえなかった。当時は、紙もまだなかったのである。

荘周は、そのオリジナルな発想にもとづくはなしを、まず周囲の人に語って聞かせた。しだいに周囲の人々の数はふえ、ここに荘周を中心として、一つの学派が形成された。こうして、諸子百家の一学派として、荘周学派が存在するようになったのである。

いわゆる諸子百家の書物一般についていえることなのであるが、著書のその源は、元来雄弁術（エロキューション）として語られたものであった。門人たちを前にして、くりかえし語ってゆくうちに、はなしのおもしろいところやことばが固定化してくる。その固定化してきたものを、主として門人の記憶したものを中心に記録したものが、諸子百家の書なのである。記録するための道具も十分になく、コミュニケーションが不自由で素朴な段階にあっては、人間の記憶力・記憶術というものは、現代のわれわれの想像を絶してすぐれていた。文明が進むとともに、まず退化してゆく人間の能力は、記憶力・記憶術である。

学派が形成されるにともなって、その言説は、時間の経過とともにいよいよ整えられ、拡張してくるのであるが、その言説はたえず、学派の始祖である荘周という人の思想であるとして伝承された。学派が拡大すれば、始祖の分身があらわれたりもする。その分身の説法も、また学派の始祖の説として伝播していった。だからたとえば『墨子』には、その主要な主張である「尚賢」「尚同」「兼愛」「非攻」などに、それぞれ三篇ずつの、しばしば似通った三とおりの言説が載せられているが、それらはみな分派した分身の説法を掲げたものであると考えられている。

分派してゆく始祖の分身が、始祖の説をいろいろに説くにともなって、始祖の存在はいよいよ信仰の対象となり、多様な始祖伝説が作られてゆく。荘周という人物をめぐっても、いろいろの信仰的説話が生まれた。それらの伝説を、要領よくとりまとめて、最初に荘周という人間像の伝記をしるしたのは、司馬遷《しばせん》（前一四五—八六?）の『史記』であった。

『史記』の荘周伝

司馬遷は、その著『史記』の「老・荘・申《しん》・韓《かん》」列伝において、荘周の伝記をしるしたが、その伝はまことに簡略である。「老」とは老子、「申」とは申

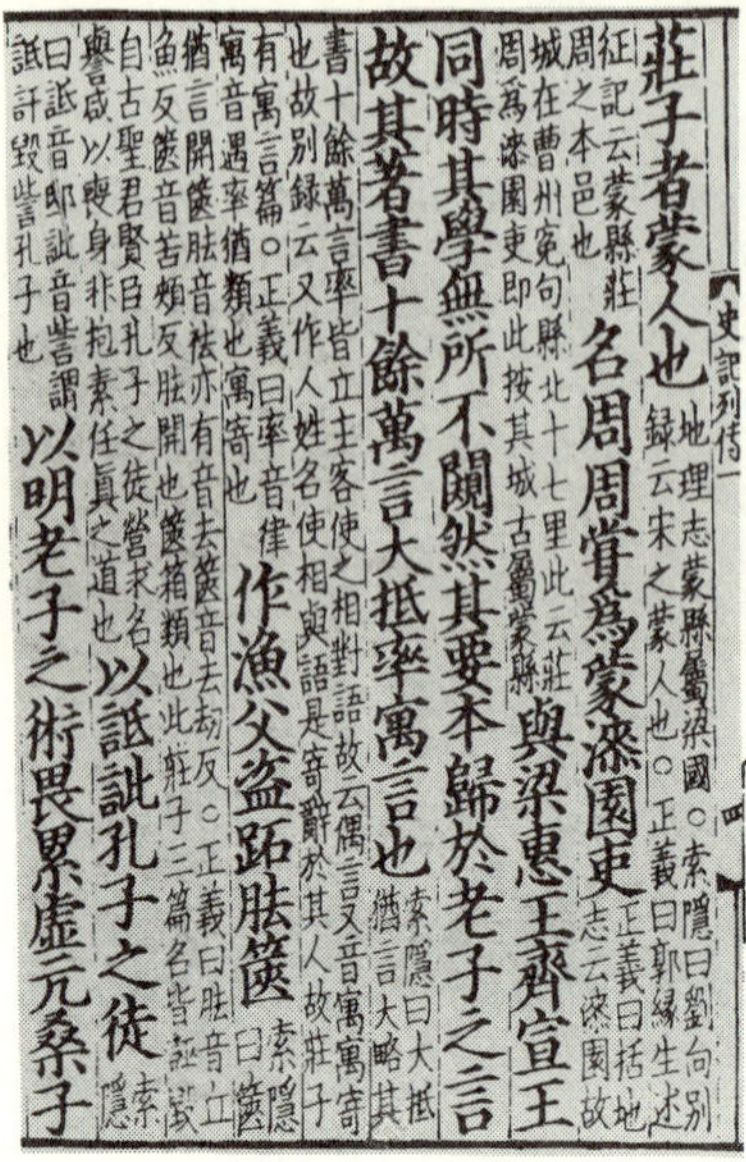
史記列傳一　四

莊子者蒙人也地理志蒙縣屬梁國○索隱曰劉向別錄云宋之蒙人也○正義曰郭緣生述征記云蒙縣莊周之本邑也名周周嘗爲蒙漆園吏正義曰括地志云漆園故城在曹州寃句縣北十七里此云莊周爲漆園吏即此按其城古屬蒙縣與梁惠王齊宣王同時其學無所不闚然其要本歸於老子之言故其著書十餘萬言大抵率寓言也索隱曰大抵猶言大略其書十餘萬言率皆立主客使之相對語故云偶言又音寓寓寄也故別錄云又作人姓名使相與語是寄辭於其人故莊子有寓言篇○正義曰率音律寓音遇率猶類也寓寄也作漁父盜跖胠篋索隱曰篋猶言開篋胠音袪亦有音去篋音去劫反○正義曰胠音丘魚反篋音苦頰反胠開也篋箱類也此莊子三篇名皆誣毀自古聖君賢臣孔子之徒營求名譽咸以喪身非抱素任眞之道也以詆訿孔子之徒索隱曰詆音邸訿音紫謂詆訐毀訾孔子也以明老子之術畏累虛亢桑子

司馬遷と『史記』(左)

不害、「韓」とは韓《かん》非《ぴ》子《し》、それにあわせて荘周を論じた。申・韓は、刑名の学と称される学派を造った学者である。

　荘周は、紀元前四世紀末から前三世紀はじめの人と考えられている。一方、司馬遷は、紀元前一世紀の人である。荘周の実在時期から、その最初の伝記が作られるまでに、二世紀以上の歳月を経たことになる。したがって正確なこと、こまかいことはほとんどわからない。ただそうした人物として信仰的に考えられ、伝承されてきたというのみである。

　『史記』の記述を中心に、他の記録も参考にしながら、荘周という人物のプロフィルを再構成してみよう。ただし、宗教的始祖のはなしと同様、その人間像はかなり怪奇であり、夢幻的である。

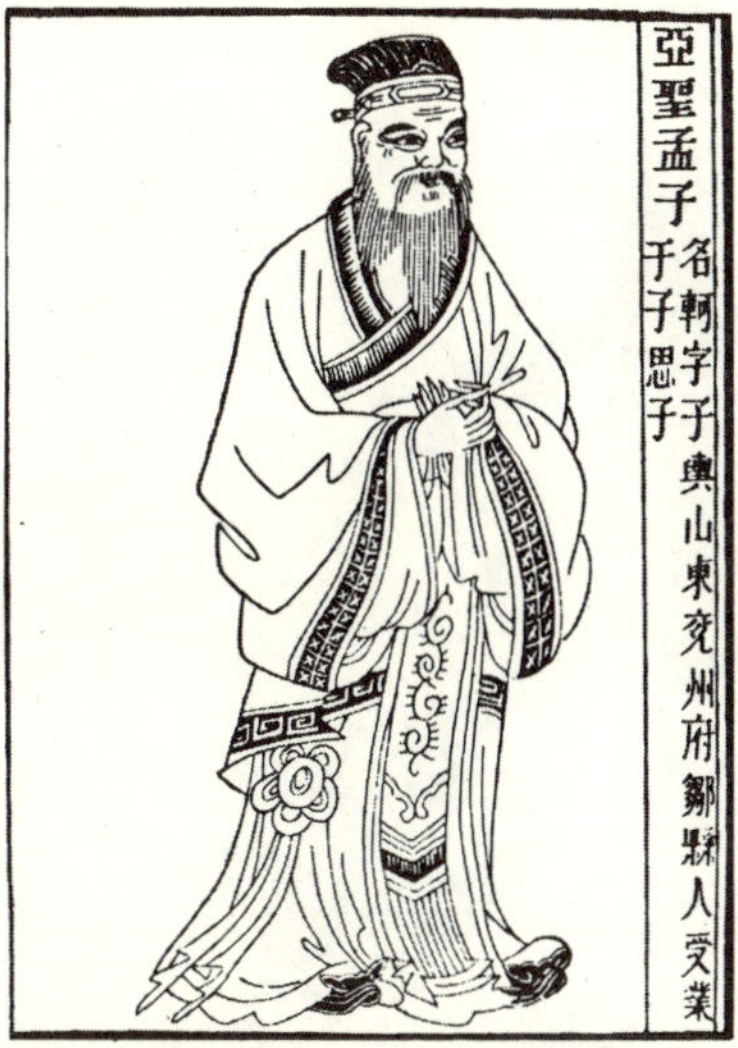
亞聖孟子
名軻字子輿山東兗州府鄒縣人受業
于子思子
孟　子

荘子《そうし》、名は周、宋《そう》の蒙《もう》の人、いまの河南省商邱《しょうきゅう》市の人である。宋の都は睢陽《すいよう》であるが、その睢陽の東北の郊外にあたる地が蒙である。かつて蒙の漆《しつ》園の役人であったという。漆園とは地名であろうと長らく考えられていたが、日本の中井履軒《りけん》（積徳、一七三二―一八一七）は、うるしばたけのことであろうとした（史記会注考証引く）。うるしの製産を、地方政府直轄のもとで行なっていたのであろうか。そのうるしばたけの管理人であったということになる。

その時代は、梁《りょう》の恵王や、斉《せい》の宣王と同時であったというので、儒家でいえば、孟子（前三七二―二八九）とほぼ同時代の人ということになる。

荘周が生長した蒙の地は、老子にあてられる老聃《ろうたん》の出生地と、さして離れていない。老聃は、楚《そ》の苦県に生まれたと『史記』にいうが、楚の苦県というのは戦国時代のいい方で、春秋時代には陳の苦県であり、いまの河南省鹿邑《ろくゆう》県にあたる。それは、商邱市の南、約六、七十キロのところにある。

河南省の地は、昔、隠者思想と深い関係がある土地である。堯《ぎょう》が天下を自分に譲ろうとしていると聞いて、けがれたことを聞いたと怒り、潁川《えいせん》で耳を洗ったとい

許　由（久隅守景筆）

う許由《きょゆう》は、箕山《きざん》にかくれた人であるということになっているが、その箕山は、河南省登封県の東南の地であるという（『読史方輿《よ》紀要』）。潁川は、河南省を流れる川である。許由のはなしは、『荘子』の内篇、「逍遥遊《しょうようゆう》」第一にもしるされている。後にしるす三世紀の竹林の七賢の清談も、河南省の地で行なわれたし、その当時、ものをいわぬ仙人として高名で、阮籍の「大人先生伝」のモデルになったといわれる孫登《そんとう》が隠栖《いんせい》した蘇門山は、河南省輝県にある山である。

宋という国は、その昔、周王朝が殷《いん》王朝を倒したあと、殷の遺民を集団的に移した土地として知られるところで、いうなれば落人《おちうど》部落的特殊社会である。それ以後、「宋人《そうひと》」は、のろま、ばか者の代称とされて、他国の人々からさげすまれ続けてきた。『孟子』には、自分の畑の稲をはやく成長させようとして毎日せっせと畑に通っては稲の穂を引きのばし、そのためついにだいじな稲を枯らしてしまったといううつけ者のはなしがしるされているし、『韓非子』には、いちど目の前の株《かぶ》にうさぎがぶつかって死ぬのをみて、それ以来、その株のそばでうさぎがぶつかって死ぬのを待ちうけたという、「待ちぼうけ」の唄で有名な「守株《しゅしゅ》」の男のはなしをしるしているが、ともにその男は「宋人」であったとされている。宋という国は、周王朝以来、被征服部族の地として、他国の人々の蔑視《べっし》のなかに、苦渋に満ちた生活の歴史を持つ国であった。荘周の思想の形成と、その生地との関係は、無視できぬものがあったであろう。

荘周は、かつて楚の威王の招聘をうけたことがあるというはなしを、『史記』は載せる。楚の威王といえば、紀元前三三九年から三二九年にかけて在位の人。『史記』はそのことを次のようにしるす。

楚の威王は、荘周が賢者であることを聞いて、使者を派遣し、厚く贈り物をして、楚の宰相に招こうとした。荘周は笑って使者にいった。「千金というのはたいへんな宝、卿相はまた尊い位だ。しかしそなたは、郊の祭の犠牲にされる牛のことを考えてみたかね。数年間だいじに養われ、きれいな衣裳をまとって大廟に送られるが、このときに、ああ小豚（孤豚）でありたかったと思っても、もうむだではないか。すみやかに去るがよい。このわしをけがしてくれるな。わしはむしろ、にごったどぶのなかに遊んで満足する者だ。権力者に拘束されようとは思わない。生涯仕えず、自由に生きたい。」
このはなしは、『荘子』にしるされている次のはなしにもとづくものであろう。雑篇、「列禦寇」第三十二にいう、
ある人が荘子を招聘しようとした。荘子は使者に答えていった。「君は例の犠牲の牛をご存じないか。きれいな衣裳を着せられ、うまい草や豆を与えられるが、大廟に入れられたが最後、小牛(孤犢)でありたかったと思っても、もうだめではないか。」
また、外篇、「秋水」第十七にいう、
荘子が濮《ぼく》水で釣をしていた。楚王は二人の大夫に先行させ、「楚の国の政治をおまかせしたい」といわせた。荘子は、釣竿を手にしたまま、ふりむきもせずにいった、「聞くところによれば、楚には死んで三千年もたつという神亀があり、王様はこれをふくさに包み箱に入れて廟堂にしまっておかれるとか。この亀の身になって考えたとき、死んでその骨を貴ばれる方を望むであろうか、それとも、生きていて尾を泥の中に引いてくらす方を望むであろうか。」二人の大夫はいった、「そりゃ、生きていて泥の中に尾を引きずっていた方がよかろう。」荘子はいった、「お引きとり願いたい。わたしも泥の中で尾を引きずりたいと願う者だ。」
『史記』のはなしは、『荘子』にしるすこの二つのはなしを、一つにしたものと考えられる。『史記』にしるす荘周の伝は、以上で終わる。まことに簡潔で、生きた人間の記録としてはいかにもも

の足りない。

その他の逸話

『荘子』の外篇、「秋水」第十七をみると、荘周と、梁《りょう》の宰相の恵施《けいし》との出あいのはなしがしるされている。恵施は、荘周と同じ宋の国の出身者で、当時有名な論理学者であった。雑篇、「天下」第三十三には、その終わりの部分に、恵施の論理学が詳述されている。そのほか、『荘子』のなかには、恵子と荘子との問答が十数か所にしるされている。恵施と荘周とは、友人としてのつきあいがあったと考えられる。

『荘子』には、その他、荘周に関連したはなしがいろいろにしるされているが、しかし伝記の材料になるようなはなしはとぼしい。そのなかで、やや伝記的記録としても考えられるものをとりあげるならば、外篇、「至楽」第十八にみえる荘子の妻が死んだときのはなしである。

荘子の妻が死んだ。恵子（恵施）が弔問にゆくと、荘子はあぐらをかいてすわり、盆を鼓にして歌っている。恵子は、「死んでも泣きわめかないというのはわかるにしても、盆をうって歌うとはひどすぎはしないか。」と反問した。それに対して答えた、「人の生死というのは、四季の運行と同じこと。いま妻は、安らかに天地のふところにもどってゆこうとしている。『人且《まさ》ニ偃《えん》然トシテ巨室ニ寝《い》ネントス』だ。しかるに自分が泣きわめいたら、それは天の命に通じぬ者ということになる。だからやめたんだ。」

雑篇、「列禦寇」第三十二には、これにやや似た荘子の最後のときのはなしを載せる。

荘子が臨終のとき、門人たちはりっぱな葬式をしようとした。荘子はいった、「わしは天地を棺おけと思い、日月をその前に飾られた対《つい》の玉、星辰をちりばめた飾りと考え、万物を野辺の送り物と思っている。わが葬具はそれで十分ではないか。これ以上に加えるものはない。(云云)。」

これらのはなしには、荘周を「真人」、あるいは「神人」として考えようとする意図がくみとれる。内篇、「大宗師」第六にいう、

昔の真人は、生を悦《よろこ》ぶを知らず、死を悪《にく》むを知らず、この世に生まれ出ることを喜ばず、あの世に入るのをこばまず、あるがままに往き、あるがままに来たるのみだ。(云云)。

また、内篇、「逍遙遊」第一には、「神人」を説明して、

至人ハ己《おのれ》無ク、神人ハ功無ク、聖人ハ名《ほまれ》無シ。

という。雑篇、「天下」第三十三に、

精ヲ離レザル、コレヲ神人ト謂《い》ヒ、真ヲ離レザル、コレヲ至人ト謂フ。

とあれば、至人・真人・神人・聖人、それぞれに言葉は違っても、実質はほとんどかわりないと考えられるが、『荘子』における荘周の扱い方は、この至人・真人・神人としての扱いから出ない。いや、実のところは、『史記』における荘周の扱いも、功を残すことなく、ほまれを残すことなく、自己を無《む》にした至人・神人・聖人としてのとり扱いに近い。

荘周は、そのような人物として、はじめてその伝記をしるした『史記』以来、一貫してうけとめられてきている。それはいわば、教祖としての扱いである。荘周は教祖なのであった。

『荘子』という書物

今日の『荘子』は、内篇・外篇・雑篇、あわせて三十三篇から成る。この三十三篇の『荘子』は、四世紀の人である晋《しん》の郭象《かくしょう》が、本文整理をして注をつけたもので、郭象本『荘子』である。昔は郭象本以外にも何種類かの『荘子』のテキストがあったが、いまは、三十三篇の郭象本以外の『荘子』は現存しない。少しばかり『荘子』のテキストについて説明しよう。

郭象本『荘子』

郭象本『荘子』以前には、五十二篇本の『荘子』というのが存在していたことが、『漢書《かんじょ》』の芸《げい》文志《もんし》によって知られる。『漢書』芸文志というのは、現存する中国最古の書物目録である。『史記』には、「其《そ》の著書十余万言、おおむねみな寓言である」というが、この十余万言の『荘子』が、五十二篇本であったらしい。現行の郭象本は、福永光司氏によれば六万五千余字であるという（朝日新聞社『荘子』内篇、解説）。もとの『荘子』の約三分の二が、郭象本に収められていることがわかる。五十二篇本には、晋の司馬彪《ひょう》の注、時代不明の孟《もう》氏の注があったという。

三十三篇の郭象本『荘子』以外に、二十七篇の崔譔《さいせん》本『荘子』や、二十六篇（一説に二十七篇、

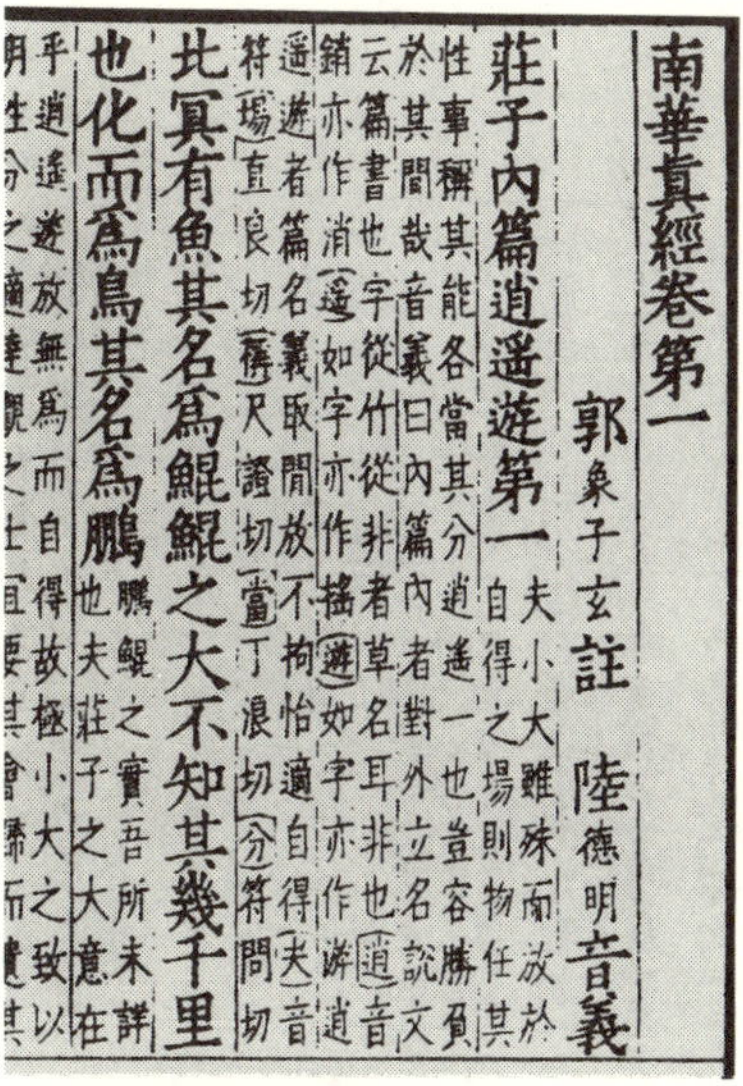
南華眞經卷第一
郭象子玄註 陸德明音義
莊子内篇逍遙遊第一 夫小大雖殊而放於自得之場則物任其
性事稱其能各當其分逍遙一也豈容勝負
於其間哉音義曰内篇内者對外立名説文
云篇書也字從竹從非者草名耳非也逍音
銷亦作消遙如字亦作搖遊如字亦作游逍
遙遊者篇名義取閒放不拘怡適自得夫音
符揚直良切舞尺證切當丁浪切分符問切
北冥有魚其名爲鯤鯤之大不知其幾千里
也化而爲鳥其名爲鵬 鵬鯤之實吾所未詳也夫莊子之大意在
乎逍遙遊放無爲而自得故極小大之致以
明性分之適達觀之士宜要其會歸而遺其

郭象本『荘子』

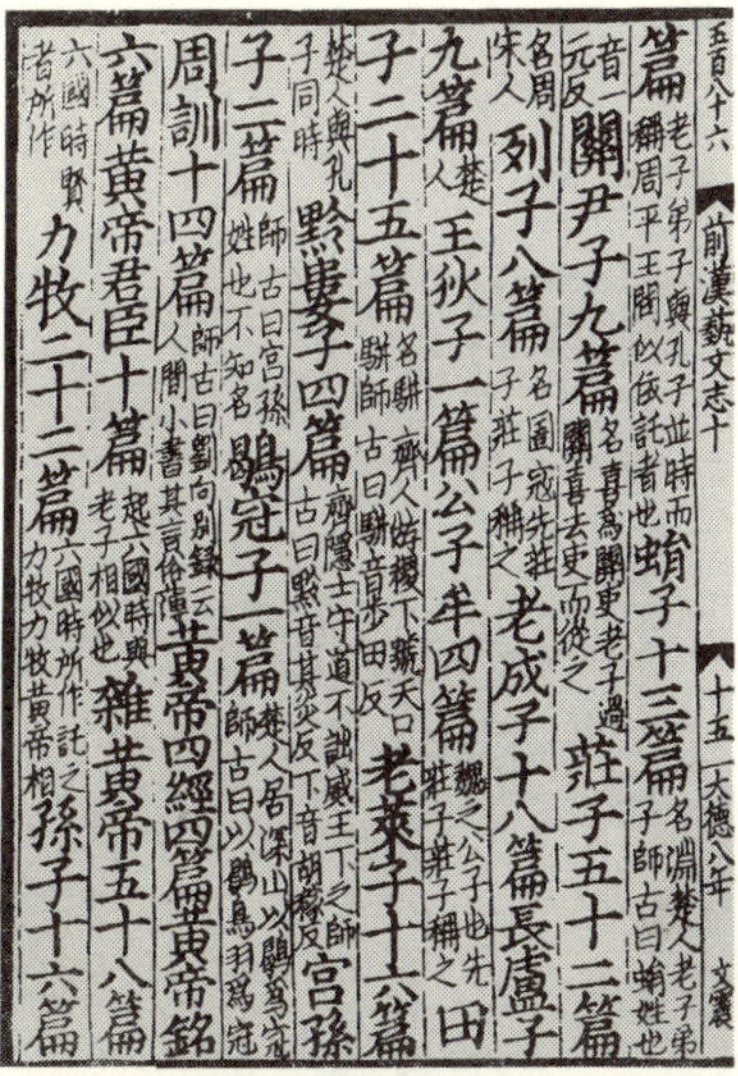
五百八十六 前漢藝文志十 十五 大德八年
篇老子弟子與孔子並時而稱周平王問似依託者也 蜎子十三篇名淵楚人老子弟子師古曰蜎姓也
音一元反 關尹子九篇名喜爲關吏老子過關喜去吏而從之 莊子五十二篇名周宋人
名圄宋人 列子八篇名圄寇先莊子莊子稱之 老成子十八篇 長盧子
九篇楚人 王狄子一篇 公子牟四篇魏之公子也先莊子莊子稱之 田
子二十五篇名駢齊人游稷下號天口駢師古曰駢音步田反 老萊子十六篇
楚人與孔子同時 黔婁子四篇齊隱士守道不詘威王下之師古曰黔音其炎反下音胡樓反 宮孫
子二篇師古曰宮孫姓也不知名 鶡冠子一篇楚人居深山以鶡爲冠師古曰以鶡鳥羽爲冠
周訓十四篇師古曰劉向別錄云人閒小書其言俗薄 黄帝四經四篇 黄帝銘
六篇 黄帝君臣十篇起六國時與老子相似也 雜黄帝五十八篇
六國時賢者所作 力牧二十二篇六國時所作託之力牧力牧黄帝相 孫子十六篇

『漢書』芸文志

あるいは二十八篇ともいう）の向秀《しょうしゅう》本『荘子』、三十篇（一説に三十五篇ともいう）の李頤《りい》本『荘子』などがあったことが、唐の陸徳明という学者の『経典釈文《けいてんしゃくもん》』という本によって知られるが、五十二篇の『荘子』ともども、これらはすべて亡んで現存しない。

三十三篇の『荘子』は、内篇七篇、外篇十五篇、雑篇十一篇から成る。この内篇七篇というのは、すべての本において共通していたらしい。諸家の本の違いは、外篇・雑篇の整理のしかたの相違から生まれたものであることを陸徳明は述べている。『史記』に『荘子』を説いて、「畏累虚《いるいきょ》・亢桑子《こうそうし》のたぐいは、みな空語で事実ではない」というが、郭象本『荘子』には、「畏累虚」という篇がない。「亢桑子」は、雑篇の「庚桑楚《こうそうそ》」第二十三をさすのであろう。「畏累虚」は、郭象によって削りとられた篇名である。

内篇と外・雑篇

『荘子』のうち、その思想の根幹をなすものは、内篇の七篇で、外篇・雑篇は、内篇の趣旨を解釈し、拡大させ、具体例を寓言をもって述べたものである。寓話としておもしろいはなしは、往々外篇・雑篇にある。内篇の七篇は、荘周の手になるもの、外篇・雑篇は、荘周の後学者の手になるもの、と一般には信じられている。

しかしここで、考えてみなければならぬことがある。内篇が荘周の著であるとはいっても、それは実際にはどういうことであるのか。すでに述べたように、荘周がその思想を直接原稿に書きしるしたということは考えられない。荘周という人物が実在の人であったとしても、その説の最初は、人に語って聞かせ、人に向けて説いた言説が、ある時間の経過を経て、門人の手によって整理され、記録にとどめられるようになったのだと考えなければならない。

外篇・雑篇は、荘周の後学の手になると一口にいっても、その後学には、長い時間にわたってのいろいろの人があったと考えねばなるまい。荘周の教えを直接うけた後学によってしるされた部分もあったであろう。しかしまた、孫弟子や、そのまた弟子、それらもやはり後学で、そうした人々によってしるされた部分もないとはいえない。そうした人々が、荘子的考え方を継承してゆく過程で、おもしろいはなしを考えついたままに、補筆していったということは、十分にありうることである。とくに魏《ぎ》から晋《しん》の、三世紀から四世紀の郭象出現までの時代、知識人たちは暗い時代における心の救いを『荘子』に求めたがために、その過程において生まれたはなしも加えられているかもしれない。竹林の七賢をもって代表されるいわゆる「清談」において、しだいに『荘子』が談論の中心になってきたという事実もある。

今日、列禦寇の著であるとして伝えられる『列子』という書物が残っている。列禦寇という人物は、荘周の先輩とみられ、『荘子』のなかにも列禦寇の名はすでに出てくるのであるが、現存の『列子』は、魏晋のさいに、『荘子』などを主要な参考書にして作られた書物であることが、いまではほとんど定論となっている。『列子』が魏晋の間に作られたのと同じ現象が、『荘子』のなかにもないとはいえぬ。今日の『荘子』は、郭象の手によって整理されたテキストしか残らないのであるから。

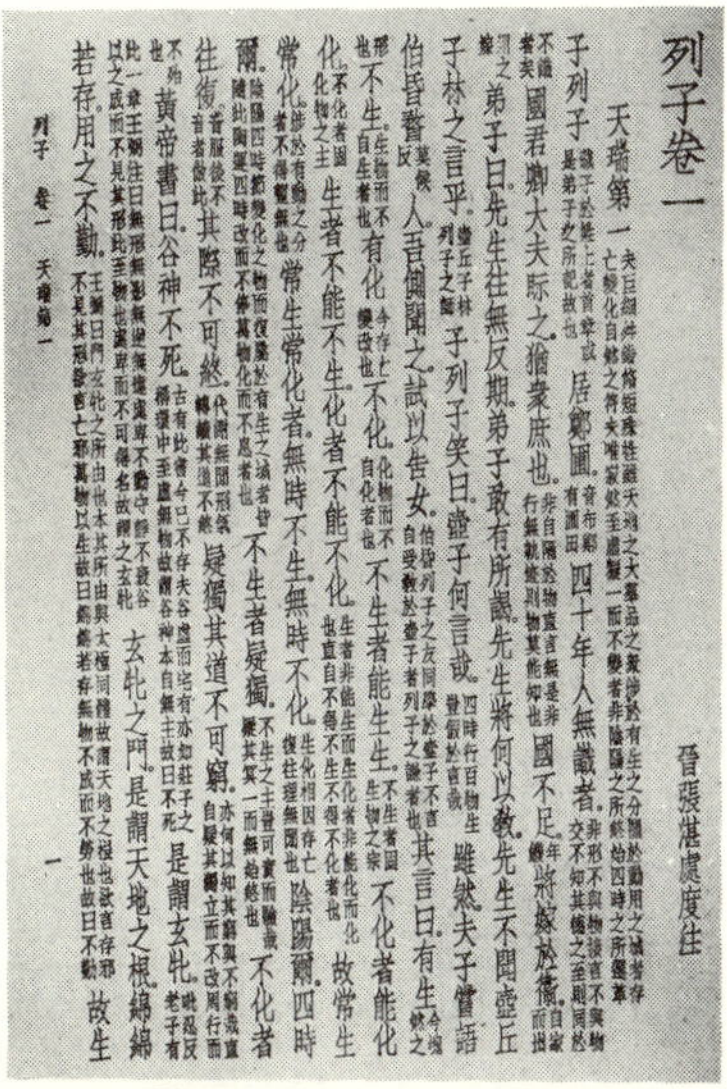
列子卷一　晉張湛處度注
天瑞第一
子列子居鄭圃。四十年人無識者。國君卿大夫眡之。猶衆庶也。國不足。將嫁於衞。弟子曰。先生往無反期。弟子敢有所謁。先生將何以敎。先生不聞壺丘子林之言乎。子列子笑曰。壺子何言哉。雖然夫子嘗語伯昏瞀人。吾側聞之。試以告女。其言曰。有生不生。有化不化。不生者能生生。不化者能化化。生者不能不生。化者不能不化。故常生常化。常生常化者。無時不生。無時不化。陰陽爾。四時爾。不生者疑獨。不化者往復。往復。其際不可終。疑獨。其道不可窮。黃帝書曰。谷神不死。是謂玄牝。玄牝之門。是謂天地之根。綿綿若存。用之不勤。故生
列子　卷一　天瑞第一　一

『列子』

したがって『荘子』は、かりに内篇に限っても荘周の自著とは考えられぬとともに、外篇・雑篇においては、たくさんの人々の荘子的知恵が集大成されているのだと考えなければならない。

荘子学派の書物

つまり『荘子』は、荘周という人物を信仰的存在にして、それをめぐって考えられ、作られたもろもろの知恵を結集させたもので、いうなれば荘子思想の集大成の書なのである。特定の個人の手になる著述ではありえない。多数の、荘周の考えを信奉する人々の知恵がまざっている。そのためにかえってこの書物は、多角度的、多次元的であり、奥ゆきがあっておもしろいのであるといえる。用語なども、しばしば統一を欠くところがあり、また、矛盾する面も少なからずある。しかし古代の書物というのは、一般的にいってそうしたものである。とくに信仰の対象とされるものは、いっそうそうした傾向を強く持つ。

したがってわれわれは、『荘子』をとおして、荘周という個人の思想をうかがうのだとせまく考えてはならない。荘周個人の思想をくみとろうとして局限するならば、荘周の後学によって作られたものは、荘周の思想ではないとして排除しなければならない。そうして排除してゆくなら、内篇すら荘周の思想そのものであるかどうか疑わしくなり、ついには荘周の思想なるものは空中分解してしまう。そのような考え方は、『荘子』のおもしろさを、かえってやせ細らせてしまうものである。

荘子（荘先生）の思想という名のもとに、『荘子』という書物は作られたのだ。そこには、古代中国の、荘子的思想愛好者の、荘子をめぐっての夢が、いろいろに、綜合的に語られているのだ。そう考えたとき、『荘子』のおもしろさは、個人の知恵を越えた集体の知恵として、かえっておもしろく理解されるであろう。

以下、わたくしは、荘周の思想として『荘子』を説かない。荘周という伝説的人物によって代表される特異な学派の、その共通の思考形態をしるした書物として『荘子』を考え、説くことにする。その思想の中核は内篇にあるので、内篇を重んずることはもちろんであるが、後学によってつけ加えられたであろう外篇・雑篇のはなしも、おもしろいものはできる限りとりあげてゆくことにする。

『荘子』、それは、現実の苦しい生活をいかに脱却して心の平安を求めたらよいのか、真に自由の生活は、どういう方向に求められるのか、という大問題を追及し続けた、中国においてももっともユニークな、もっとも東洋的な性格を持つ、特異な知性の書である。

『荘子』の特色

六才子書

『荘子』は、もっとも中国的な思考を示す代表的書物である。明《みん》末清《しん》初、すなわち十七世紀のすぐれた批評家金聖嘆《きんせいたん》は、過去の中国の著述においてまずとりあぐべき特色を示す書物として、『荘子』『楚辞《そじ》』『史記』『杜甫』（詩）『水滸伝《すいこ》』（小説）『西廂記《せいしょう》』（戯曲）の六種をあげ、これを「六才子書」として推賞した。金聖嘆が推賞した「六才子書」は、哲学・歴史・詩文・小説・戯曲のそれぞれの分野で、きわだった個性を持ち、たしかにそれぞれに、中国民族の文字文化を代表する偉大なる遺産である。

このうちの『荘子』は、「老荘」ということばによって示されるように、一般的には哲学の書物であると考えられている。老子の哲学を継承し、それを発展させたものが『荘子』であるとされている。そのこと自体にあやまりはない。しかし『荘子』は、特異な哲学書であり、思想の書であるとともに、偉大な文学の書でもあった。そのことは、『荘子』の最後の篇である雑篇「天下」第三十三において、荘子学派の人の手によって明確に説明されている。

『荘子』の「天下」篇

『荘子』の最後の篇である「天下」篇は、当代の学術思想のなかにあって、荘周の学派がいかなる位置を占めるものであるかをしるしたものであるが、それはまた同時に、『荘子』という書物の序にあたる。中国では昔から、その書物の性格を概説する序文は、書物の末尾に置かれる風習があった。たとえば前漢の司馬遷の『史記』において、『史記』が作られたいきさつやその構成を司馬遷自身が説明した「太史《たいし》公自序」は、『史記』の最後に置かれている。同様に、後漢の班固の『漢書《かんじょ》』も、その最後に「叙伝」を置く。後漢の許慎の『説文《せつもん》解字』は、その最後に「叙に曰く」として、成書の由来を説く。その他、最後に序が置かれる書物は、たくさんある。『荘子』においては、「天下」篇がその序にあたる。

ただし、他の書物の序は、著者自身の手でしるされるのがつねであるが、『荘子』の「天下」篇は、荘周の自著ではない。荘周の後学の徒が、荘周学派の特色をとらえて記述したものである。それだけにかえって、その叙述は客観的であり、よく『荘子』の特色を説明しているといえる。

「天下」篇に示される諸学派

「天下」篇は、「天下ノ方術ヲ治ムル者ハ多シ。……古《いにしへ》ノ所謂《いはゆる》道術ハ、果タシテ悪《いづ》クニカ在ル。」ということばで始まる。「方術」とは、原点に即して道はいかにあるべきかの問題を考えることのない、技術的経世策をいう。それに対して「道術」とは、つねに道の本源にたって考え、道の体得と運用とを説く経世思想をいう。「方術」よりも、はるかに根元的・本質的なものを追及するのが「道術」である。その「道術」という面において、とりあぐべき諸学派に次のものがある、と「天下」篇は説明してゆく。そこにとりあげられているものは、いずれも、もっとも根元的「道術」であるべき荘周学派の思想形成に役だった諸学派ばかりである。

「天下」篇は、たとえば儒家や兵家などをとりあげようとはしない。それらの学派は、権力に奉仕し、権力の側にたっての思想や術策を説く「方術」の徒であると考えたからである。それらは「道術」よりもずっと低次元の、当面する社会に適応するための技術を説く一派なのだ。荘周学派は、儒家についてもそのように判定した。それゆえ「天下」篇においては、儒家に一顧も与えようとしない。

「天下」篇において、「道術」を追及する学派としてとりあげるものは、まず第一に、人間社会の無差別平等愛（兼愛）を説く墨翟《ぼくてき》・禽滑釐《きんこつり》の学派である。第二には、無抵抗の反戦主義をとなえる宋鈃《そうけい》・尹文《いんぶん》の学派をあげる。第三にとりあげるのは、万物に差別をつけない「斉同」の哲学を説く彭蒙《ほうもう》・慎到《しんとう》・田駢《でんべん》の学派である。この三学派は、いずれも墨家につらなる。荘周学派は、墨子学派にまず強い関心を示すのであった。

次に第四に、関尹《かんいん》・老聃《ろうたん》の学派、すなわち老子学派のことを述べる。そして、それとは別のとり扱いにおいて、第五に、荘周学派の性格・特色を述べる。最後に第六に、荘周の友人であった恵施（名家）の論理学について述べ、荘周の哲学との対比において恵施の主張を批判して、「天下」篇を終わる。

恵施の論理学について述べる部分は、元来の『荘子』においては、別に独立した一篇になっていたらしい。郭象が『荘子』を整理したさいに、「天下」篇のなかにそれを包含してしまったらしい。そうしたことはあったにしても、荘周学派が実は名家と関連するものであることを明確にさせるべくして、郭象本は恵施にふれる論説を「天下」篇の終わりにつけ加えたのであったと考えられる。

老子（円山応挙筆）

老子学派の規定

「天下」篇にとりあげられた荘周学派以外の五学派は、それぞれなんらかの面で荘周学派が敬意を払うところのものである。それらは共通して、権力に背を向け、体制に抵抗し、違った視野にたって反権力・反体制の思想を構築しようとした学派である。それを『荘子』は、道の本源に即して、社会における人のあり方を本質的に考えようとする学派であるとして評価した。そして荘周学派は、関尹・老聃をもって代表されるいわ

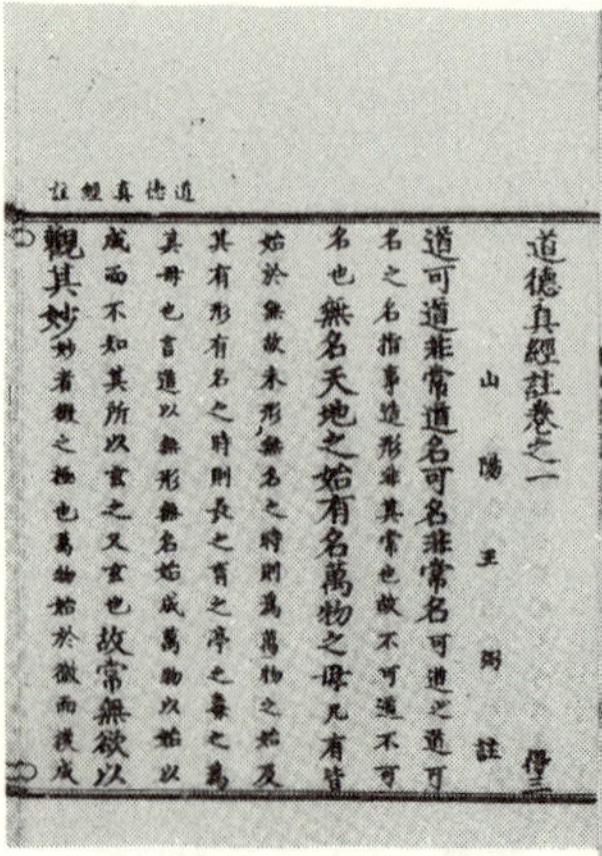

道德真經註

道德真經註卷之一

山陽王弼註

道可道非常道名可名非常名可道之道可名之名指事造形非其常也故不可道不可名也無名天地之始有名萬物之母凡有皆始於無故未形無名之時則為萬物之始及其有形有名之時則長之育之亭之毒之為其母也言道以無形無名始成萬物以始以成而不知其所以玄之又玄也故常無欲以觀其妙妙者微之極也萬物始於微而後成

『老子道徳経』（左）**と**
老子過関図
（明　陳賢筆）

ゆる老子学派の哲学ともいささか違うところがあるのだと意識し、その意識に即して、関尹・老聃の学派と、荘周の学派とは別に扱った。

関尹とは、老子がその著『老子道徳経』二巻を手交したという西方の関所の役人として、『史記』の「老子」伝にその名がみえる人である。老聃は、『老子』の著者として、伝説的に考えられている人物である。関尹・老聃の学派というのは、とりもなおさず老子学派にほかならない。

「天下」篇では、老子学派を次のように規定している。原文はなかなかむずかしいので、いまはその趣旨をくみとって、若干の解説を加えながら、大要を述べることにする。

万物の根源をなす「道」こそこの世における「精」なるものであって、万物の存在や現象そのものは、この世における「粗」なるものなのだ。物質的なものは、たとえこれをいかに積み重ねたとて、人間の本質が充たされることはない。むしろ達観して、万物創造主（「神明」）の霊妙な働きと一体になるのがよろしい。そういう考え方に自己の立場を置こうとした「道術者」はいた。関尹や老聃は、その学風に喜び、それに即して学説を展開させた者だ。

以下、『老子』のことばにふまえつつ老子哲学をしるしたあとに、

関尹・老聃は、古《いにしへ》の「博大」なる「真人」ともいうべき存在である。

と結ぶ。「真人」については、『荘子』内篇、「大宗師」第六にくわしい説明がある。その具体的説明については、改めて後にしるすが、要するところ「真人」とは、人間存在についての真の知恵「真知」を持った人のことである。

荘周学派の規定(一)

この関尹・老聃の学派に対して、荘周学派はどこが違い、どこに立脚点があるとするのか。「天下」篇ではいう、

形もなく、つねに変化し続ける「道」、その「道」のなかに、万物は死滅し、生成し、「天地我

ト並《なら》ブ」（「斉物論」篇）というごとく、その運用のしかたによっては天地もわれと並び、「道」において、万物創造主（神明）の霊妙な働きが活動するのだ。しかしすべては「芒《ぼう》タリ芴《こつ》タリ」（「至楽」篇）であって、つかみどころはなく、ゆくところはわからない。万物は、そして現象は、眼の前につらなっているが、それらをいかに追いかけてみたところで、そこに窮極の帰趨をみることはできない。そこのところに着眼した「道術者」はいた。荘周はこの説を聞いて喜び、それに参加したのだ。

荘周は「形無ク常《つね》無キ」道の本源にたって、ものを考え生活しようとする。その意味では、老子の思想を継承している。しかし同時に、「道」の帰趨は「芒タリ芴タリ」であって、人知ではつかまえがたいものだ。「道」というものは、つかまえられないものだということに徹して、そのなかに「逍遙」しよう。「道」は「芒芴」であるという前提にたって、この「芒芴」たる「道」に徹することが、すなわちわが学派なのだ、と説く。

「芒タリ芴タリ」ということばは、「道」の働きとしての「無為」を説いて、外篇、「至楽」第十八にいうところのことばである。

芒タリ芴タリ、従《よ》リテ出《い》ヅル無キカ。芴タリ芒タリ、象《しょう》有ル無キカ。（「至楽」篇）

荘周学派の規定㈡

「天下」篇はさらに、荘周学派についてことばを続けていう。

わが言説は、つかみどころのない「道」のごとく、茫洋としてつかみどころがないのだ。

さればこそ、とりとめのない悠遠の言説、すなわち「謬《びゅう》悠《ゆう》ノ説《せつ》」や、スケールの大きいほら、すなわち「荒唐《こうとう》ノ言」や、ゆきつくはてもない放埓《ほうらつ》なことば、すなわち「端崖無《たんがいな》キノ辞」で、気ままに自由を楽しんで、徒党を作らず、一面的な判断でものごとをみることをせず、しょせんいまの天下の人々は「沈濁」の徒で、正言（「荘語」）できる徒ではないという自覚に徹し、「卮言《しげん》」「重言《ちょうげん》」「寓言」を縦横に使って、天地の心と往来し、万物をみくだすことなく、また是非を責めることなく、世俗の人たちといっしょに生活するのだ。

「卮言」「重言」「寓言」については、雑篇、「寓言」第二十七に説明がある。「卮言」とは、相手しだいで説き方をかえる自在の説法。「卮」というのは、円い盃であるが、酒をいれると傾き、空になるとうつむきになるというしかけになっているという。そのように対象に応じてたえず変動する言説をいう。「重言」とは、先人の教戒を利用して重ねて説く言説。「寓言」とは、「外ニ藉《か》リテ之《これ》ヲ論ズ」（「寓言」篇）で、他の事例に即して語りながら、理を説く説き方である。

その書物はけたはずれであるが、円転自在で相手を傷つけることはない。そのことばはきちんとしていないが、奇怪なおもしろさがある。内容はくめどもつきぬあじわいを持ち、上《かみ》は「造物者」と遊び、下《しも》は「死生ヲ外《わす》レ、終始無キ者」、すなわち「真人」と友だちになる。「本《もと》」、すなわち道の追及においては広大にして開かれ、深大にしてよく尽くす。道の体得においては、精神の調和を保ち、上天《かみ》にのぼるといえよう。

しかしながら、道の変化に応じ、物のあり方を解明しようとするとき、造物の理は尽きず、その働きはやまぬがために、「芒《ぼう》乎《こ》昧《まい》乎《こ》」として、「未《いま》ダ之《これ》ヲ尽クサザル者」といえよう。

内篇、「大宗師」第六に、「真人」を説明していう。

古《いにしへ》ノ真人ハ、生ヲ説《よろこ》ブヲ知ラズ、死ヲ悪《にく》ムヲ知ラズ、其ノ出《い》ヅルヤ訢《よろこ》バズ、其ノ入《い》ルヤ距《こば》マズ、翛然《しょうぜん》トシテ往キ、翛然トシテ来タルノミ。

「死生ヲ外《わす》レ、終始無キ者」とは、まさにこの「真人」をいうにほかならない。

荘周の徒は、『荘子』の特色とおもしろさは、闊達《かったつ》自在な言説にあることを標榜《ひょうぼう》した。「寓言」篇に、

寓言ハ十ニ九、重言ハ十ニ七、卮言ハ日ニ出《い》ダシ、和スルニ天倪《てんげい》ヲ以《もっ》テス。（「和スルニ天倪ヲ以テス」は、内篇、「斉物論」第二のことば。「天倪」とは天地自然のもちまえとしてのあり方をいう。）

というように、『荘子』においてもっとも多く用いられる説法は、「寓言」である。それはわかりやすくいえば、たとえばなしであると考えてよい。しかしながら、その「寓言」を主とする説法も、道の変化はきわまらず、その帰趨は「芒《ぼう》タリ芴《こつ》タリ」（「至楽」篇）であるがために、説いても説い

ても対象は移り動く。それゆえにその言論は、一面においてはたしかに道の追及において広大さ、深大さを加えはしたが、動いてやまぬ道の変化と造物の働きとを説きつくすという点においては、「未ダ之ヲ尽クサザル者」といわざるをえない、と自己批判の言を残した。

老子学派と荘周学派との違い

荘周の学派は、老子の学派を尊敬しつつも、老子の学派が、道の究明を論理的に哲学的に深め、またその実践という倫理面において、そのあり方を抽象的・一般的に説こうとしたのに対して、しょせん道は、たえず変化してやまず、窮極のないものであるから、いっそのこと、無限定、無定型のなかに身をゆだね、悠遠の世界に逍遙するのがよろしいとして、その楽しみを言説をもって説いた。その説き方は、寓話にふまえて、つねに具体的である。それは、哲学を説き倫理を説くというより、むしろ人間の生そのものを存分に充実させ、道と、思想と、ことばとの無限のからみあいの世界を楽しむべきことを説くとともに、みずから実行したといえる。それは、哲学的思考であるよりは、むしろ、より多く文学的思考である。『老子』と『荘子』の違いは、端的にいってそうしたところに求められる。* そして、『荘子』のおもしろさもそこにある。

『荘子』という書物は、哲学と、文学と、宗教の要素を、その根元において渾沌《こんとん》として混一させ、総体として追及したものだといえる。道の追及と把握、それを説明する「寓言」、そこには当然、思想と文学とが一体化した根元的姿勢がある。そして、それが生死の超克と、人間社会のユートピアの形成の夢の方向に走ったとき、そこには独特の宗教世界が生まれる。事実『荘子』は、老荘思想の完成者であり、また、後代の文学者に限りない刺激と恩恵と影響とを与えた。そしてまた『荘子』の世界から、道教が形成され、中国的仏教、すなわち禅が形成された。そうしたことの詳細は、これから説明しなければならない。それを説こうとするのが、本書の主要なねらいでもある。『荘子』は、金聖嘆がいうごとく、まことにすぐれた「才子書」であった。

* 『老子』と『荘子』とは、哲学的思考においても、細部においては若干違うところがある。そのことについては、福永光司氏『荘子（内篇）』（朝日新聞社・中国古典選一一ページ）に、五項目に要約して説があるので、いまは改めて述べるのを省略した。

II 『荘子』の思想

認識論

現象社会はすべて相対的存在である

『荘子』は、現象はすべて相対的存在であると認識することから、その哲学・論理・思想を展開させてゆく。

ただし、現象はすべて相対的存在なのだという認識は、『荘子』の創見ではない。中国民族は、そもそもの昔から、すべて存在するものはみな相対的存在なのだ、とする認識を持っていた。たとえば、＋《プラス》があれば、－《マイナス》がある。陽があれば、陰がある。男があれば、女がある。有があれば、無がある。動があれば、静があり、作用があれば、反作用があり、是《ぜ》があれば非《ひ》がある。中国では零《ぜろ》の考えはなかった。零の考えは、インドからおこっている。したがって無は、有の相対の存在としてのマイナスの世界であって、ゼロではない。

「陰陽」の相対原理に即して、すべての存在現象を解釈しようとするのが『易経《えききょう》』であり、「有無」の相対原理に即して、「無」の意義と価値とを説こうとするのが『老子』である。『荘子』の論理も、そうした相対認識から離れるものではない。むしろその相対認識は、『荘子』全篇の思考において徹底している。そのことは、これから説くところによって、おのずから明らかにされるであろう。

しかし、『荘子』は考えた。現象的存在は、すべて相対的なものなのであるが、どうせ何をしようと相対的価値でしかないのだと開きなおって、一つの立場に執《しゅう》したならば、この世において際限のない「是非」の論のくりかえしが重ねられるにしかすぎない。自分が一つの立場に固執していて、相手の立場を「是」だ「非」だと論じたところで、しょせんらちがあかない。もっと次元をかえた思考はできないものか。

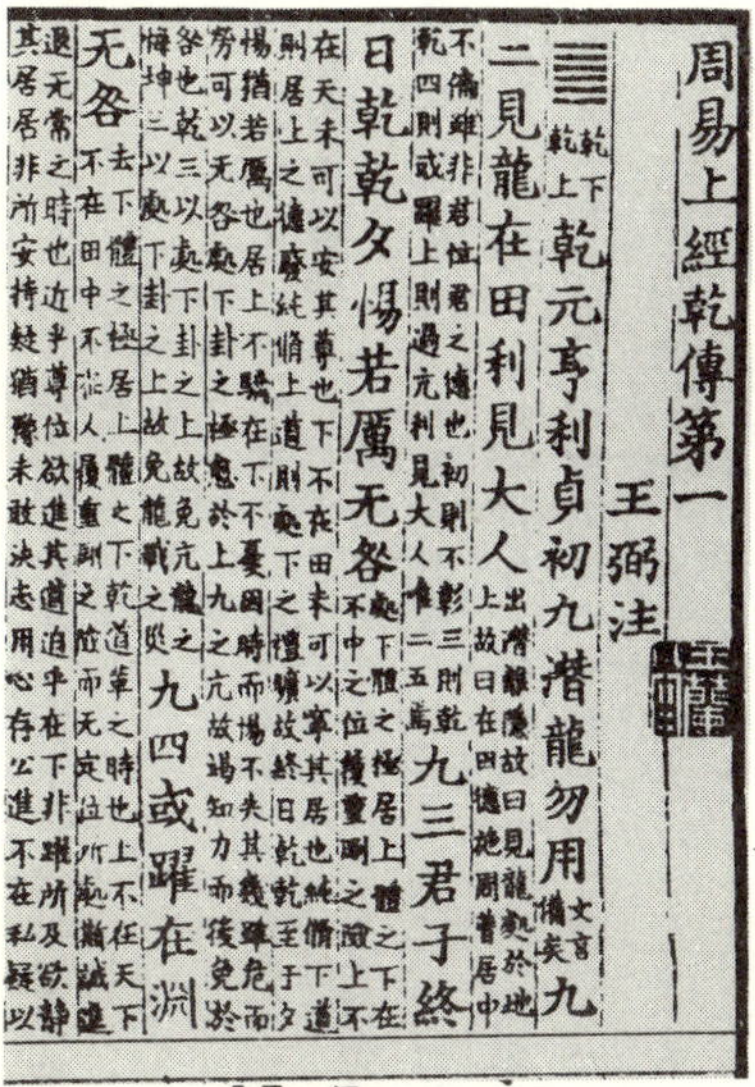
周易上經乾傳第一

王弼注

乾元亨利貞初九潛龍勿用九二見龍在田利見大人九三君子終日乾乾夕惕若厲无咎九四或躍在淵无咎

『易経』

そこから『荘子』独特の思考が始まった。

現象の存在が、すべて相対的なものであるならば、いっそのこと、存在はすべてが相対のものでしかないのだという意識に徹して、現象にとらわれない別の次元の世界にたつべきではないだろうか。相対社会を超克して生きるところに、何ものにもとらわれない、真に自由な生き方が開かれるのではないだろうか。真に自由な生き方は、相対的世界への執着を、すべてかなぐり捨ててしまったときに、豁然《かつぜん》と開かれてくるのではないか。『荘子』は、その夢と、可能性とを、まず第一の篇である「逍遥《しょうよう》遊」篇において語った。

宇宙の逍遥

『荘子』の第一篇は、どえらくスケールの大きいはなしを、小さなスケールのはなしと対比させながら述べる「逍遥遊」篇から始まる。相対の世界を超克したところに、広大な自由の世界があるのだ。それは、相対的現象にとらわれて生きている者の知恵の及ばぬ世界であるが、相対的世界を脱却したとき、束縛されることのない無限大の世界が開かれてくるのだ。その無限大の、超相対の世界に生きることが、人間にとって最高の自由の生活であり、それがすなわち逍遥遊なのだ、ということを、たくみな寓話を用いて説き進めてゆく。

北の大洋に鯤《こん》という大魚がいる。その大きさは幾千里あるかわからない。その鯤が変身して、鵬《ほう》という大鳥になる。鵬の背は、これまた幾千里あるかわからない。その鳥がはばたくときは、その翼は天をおおう雲のようになる。この鳥は、大きな台風がやってくるとき、南のはての海、それは天の池であるが、そこへ移ってゆく。『斉諧《せいかい》』という書物にもしるされている、「鵬が南の海に移るときは、三千里もの波をけたてつつ、つむじ風によって九万里の天空に登り、半年の単位で休息をする。」と。

鯤とは、元来は、魚の卵、もっとも小さな存在であるが、それを大魚の名にしているところに、まず常識の世界をつき破る。『斉諧』とは、『荘子』がかってに作った書名（人名とする説もある）である。この『斉諧』にあやかって、魏《ぎ》晋《しん》時代の志怪小説に『斉諧記』という本がある（魯《ろ》迅《じん》の『古小説鈎沈《こうちん》』に集められている）。「大鵬」とは、このはなしから生まれた名である。

地表には、かげろうやちり、スモッグのたぐいがうごめく。青々とした大空の色というのは、天のほんとの色なのだろうか、それとも、無限大の遠さのゆえにあのようにみえるのだろうか。もし九万里の上から下界をみたならば、やっぱり同じようにみえるだろう。

水について考えてみたときでも、水量がたくさんなければ大きな舟を浮かべる力はない。たとえば、盃の水をくぼみにこぼしたときは、ごみは舟になるであろうが、盃そのものを浮かべようとするとつかえてしまうのは当然だ。

鵬が九万里も飛べるというのは、それをささえる空間の厚みがあるからだ。鵬は、その広大な空間に浮かんで、南の海に行こうとするのだ。

この部分の『荘子』の発想は、さながら、相対性原理の理論を聞くがごとく、なかなかに物理的である。鵬のはなしを出したあと、そのように鵬が遊弋《ゆうよく》できるというのは、それをささえる空気の厚み、広大な空間があるからなのだ、とたくみに聴衆を、無限大の世界の幻想にさそいこむ。宇宙飛行が現実に可能になったいま、二千年以上も前の『荘子』の幻想は、舌を巻くほどたしかな予見でもあったといえる。

小知は大知に及ばず

『荘子』は、けたはずれにスケールの大きい宇宙の遊弋の楽しみを述べたあと、しだいに論旨を本筋に引きずってゆく。この宇宙の遊弋――逍遙遊に対して、俗界の、相対の世界にあくせくしてくらしている虫けらどもには、この壮大な、無限大の世界のことはわからぬのだ。

「ひぐらしぜみ」と「こばと」は、このはなしを聞いて、あざ笑っていった。「おれたちは精いっぱい飛びあがって木のてっぺんに突進しようとしても、しばしば失敗して地におちてしまう。なんで九万里を飛ぶなんてことができるものか。」

『荘子』は、このあと続けて次の三つの格言を引く。

小知ハ大知ニ及バズ。

小年ハ大年ニ及バズ。

朝菌《ちょうきん》ハ晦朔《かいさく》ヲ知ラズ、蟪蛄《けいこ》ハ春秋ヲ知ラズ。

寿命の短い者は、長寿を経た人のことはわからない。朝はえて夕方にはしぼんでしまう「きのこ」は、一月に晦（みそか）と朔（ついたち）があることを知らない。「なつぜみ」は、一年に春と秋とがあることを知らないのだ。

「逍遙遊」篇の叙述を、少し省略してさらに先に進もう。有限の世界に生きる者は、有限の世界のことしかわからない。たとえば、官吏として評判のよい者、一つの社会をよく治めるという行績のある者、一国の君主に気に入られて一国に重用される者、そんな者たちは、ちょうど「ひぐらしぜみ」や「こばと」と同じなのだ。それらはたまたま、相対の小さな社会で、ささやかな自分の働き場所をえた者であるのにすぎないのだ。だからこそ、宋栄子（宋鈃《けい》）は、そうした連中をせせら笑うのだ、として次のはなしを引く。

　宋栄子は、こうした世俗の連中をせせら笑った。そして、社会の人みながほめたとて、得意になろうとせず、社会の人みながそしったとて、やめようとはせず、自己自身にとって本質的なものと、そうでないものとを区別し、何が「栄」であり、何が「辱」であるかをわきまえていた。宋栄子はかように、世俗においてあくせくしない人物であったが、まだほんものではなかった。

　列子という人物は、風に御して虚空《こくう》を飛翔し、まことに涼しげであった。そして十五日たつと地上におりてくるのであった。列子はたしかに、世俗的な幸福などにあくせくはしなかった。列子は、歩く手間を省いて超然とすることができたとはいうものの、まだしかし風に乗るという、自然現象の一つをたのみにするところがあった。

　もしも、天地の真の運行に乗り、自然の気の変化に乗って、無窮の世界に遊ぶことができる者があるとすれば、その人は、何もたのむものがない大人物といえよう。かくて、「至人ハ己《おのれ》無ク、神人ハ功無ク、聖人ハ名《ほまれ》無シ」なのだ。

相対のせまい世界を離れ、次元をかえた思想にたって、天地宇宙の運行に乗って無限の世界に遊泳すること、それこそが逍遙遊なのだ、と『荘子』は説いた。外篇、「天運」第十四にいう。

逍遙遊ハ無為ナリ。……古《いにしへ》ハ是《こ》レヲ采真ノ遊トイヘリ。

とらわれない自由は、「無為」ということにおいてはじめて可能になるのであるが、逍遙遊ということは、相対の世界を超脱した大きな自由の世界の遊弋であって、一にこれを「采真ノ遊」というのだ、と別には説明をしている。

人間が逍遙遊をするには、どうあったらよいのか

人間のあるべき理想の境地として何を考えるのか、の問題を説くのが「逍遙遊」第一であるのに対して、しからばいかにしたらよいのかということを説くのが、第二篇に置かれた「斉物論」である。なまみの人間が、逍遙遊をするにはどうしたらよいか。どのような修行をつみ、訓練をつんだならば、逍遙遊が可能なのであるか。「斉物論」第二は、その How to を説こうとする。それゆえ「斉物論」は、『荘子』の思想体系のなかで、もっとも重要な篇であり、またそれだけにもっとも難解な篇でもある。

『荘子』は考える、人間が逍遙遊をするためには、人間が超現象的存在にならなければならない。逍遙遊ということは、いいかえれば相対の世界を超越して、絶対の世界にのびのびと生きることであるが、相対の世界を超越するためには、どうしたらよいのか。それはただちに、生きている相対の世界を離脱せよということではない。それでは生きることにはならない。相対の世界に生きなが

ら、相対の制限から脱却することこそが、相対の世界を超越することになるのだ。
相対の制限から脱却するためには、もっとも相対的な存在である万物を、それぞれに区別のある物としてみずに、すべては等しい物であるとみて（万物斉同の思想）、人間も万物斉同の一物に同化することである、と『荘子』は考えた。もっとも区別あるものは、もっとも区別なきものに通ずる。されば万物は一物であり、万物のあり方は道に通ずる。極微の世界は、極大の世界に通ずる。ミクロは同時にマクロである。無限小は、無限の連続ということにおいて、無限大と同じだ。そして無限大は、すなわち天地宇宙の悠遠さであり、それは「道」である。

大小の分

「斉物論」においていう、

天下ハ秋豪《しゅうごう》（毫）ノ末《まつ》ヨリモ大ナルハ莫《な》シ。太山《たいざん》（泰山）モ小ナリト為《な》ス。殤《はやじに》セル子ヨリ寿《いのちなが》キハ莫シ。彭祖《ほうそ》モ夭《よう》ト為ス。天地ハ我ト並ビ生ジ、万物ハ我ト一為《いった》リ。

もっとも小さいもののたとえとしてつねに引かれるのは「秋豪（毫）ノ末」、すなわち冬にそなえて秋にはえる動物の柔毛《にこげ》の先端であるが、それは、無限大の世界である「天地」とイコールなのだ。そうしたとき、中国で大きな存在とされる泰山も、ちっぽけな存在となる。もっとも寿命の短い者は、もっとも寿命の長い者とイコールだ。しかるとき、八百年も生きたという仙人の彭祖も、短命だということになる。そうしたことは、「我」という一微小な存在が、「天地」という無限大のものと並び生き、すべての存在（万物）と、もっとも個体的存在である「我」とが一つになったときに生まれる世界なのだ。右の「斉物論」のことばは、そのように理解される。

常識的に考えられている大小の区別、それが実は、より大きな宇宙空間からみれば、同様にちっぽけな存在であるのにすぎず、人間は万物のなかの万分の一の存在でしかないのだということは、外篇、「秋水」第十七の、河伯と北海若《ほっかいじゃく》との問答、そのなかの北海若の説明のなかにもみられる。

物ノ数ヲ号《よ》ビテ万ト謂フ、人ハ一ニ処《を》ル。

そうしたとき、人間も、宇宙空間からみれば「豪末」のようなものだ、と北海若はいいきる。されば常識的に考えられている大小の区別など、まったく意味をなさないというのである。それゆえ「秋水」篇にいう、

其ノ大ナル所ニ因《よ》リテ之《これ》ヲ大トスレバ、則《すなは》チ万物大ナラザルハ莫《な》シ。其ノ小ナル所ニ因リテ之ヲ小トスレバ、則ち万物小ナラザルハ莫シ。

そうしたとき、「天地」も「稊米《ていまい》」（ひえつぶ）となり、「豪末」も「丘山」となる。そのように説いたあと、北海若は、「万物ハ一斉ナリ」という。万物の一たる人間の存在は、万物と同じだ。むしろそれを認識して万物と化すること、それが真の人間のあり方でなければならぬ。それが『荘子』の考え方である。

物化のくふう

『荘子』は、物と同化する（物化という）ためのくふうの第一は、自己を忘れること、いいかえるならば我執《がしゅう》から離れることにあるとして、それを「喪我」とか「忘我」とかいう。そして、南郭子綦《なんかくしき》という架空の人物のはなしから、物化のくふうを説き進めてゆく。

南郭子綦は、ある日、まことにうつろな表情をして机にもたれ、天を仰いで息づいていた。弟《で》子《し》の顔《がん》成《せい》子《し》游《ゆう》がいぶかって聞いた。「いかがなされました。肉体はもとより枯木同然にすることができますが、心を死灰同然にすることはできないでしょうに。きょうの先生のお姿は、これまでのお姿と違います。」

形ハ固《もと》ヨリ枯木ノ如クナラシムベキモ、心ハ固ヨリ死灰ノ如クナラシムベケンヤ。

顔成子游の疑問は、それであった。しかるに南郭子綦は答えた。「おまえの質問は、なかなかようできた。いまやわしは、我を忘れたのじゃ。そのことがどういうことか、おまえにはわかるか。」

南郭子綦は、形を枯木のごとくさせたと同時に、心も、自己の主体性や我執、すべてを無にして、死灰のごとくならしめたのであった。そうすることによってはじめて、すべての現象をあるがままの姿において把握することができ、自己と対象とが一つになることができて、相対的な存在から超越することができるのであると説く。南郭子綦はそれを、「天籟《らい》ヲ聞ク」姿勢であると説く。

（雑篇、「徐無鬼」第二十四には、南伯子綦と顔成子との問答として同様のはなしを引く。）

南郭子綦のはなしは、「斉物」（物に斉《ひと》しくなる、また、物を斉しくする）・「物化」（万物に同化する）を説くためのまくらで、以下『荘子』は、「斉物論」において、「物化」ということを、論理をもってなっとくさせようとする。当時、恵施や公孫龍をもって代表される詭弁的論理学が盛んであったので、そうした詭弁に興味を寄せる人々をもなっとくさせようとしたためであろう、その論の進め方は、しばしば詭弁的ですらある。もしこの場合、論理をもって迫らずに、体現のくふうをもって迫ったならば、その所説は宗教になるであろうが、『荘子』の「斉物論」は、論理から離れようとはせず、したがってその説はただちには宗教にならない。

道枢にたて

「彼」（あれ）があるから「是」（これ）がある、「彼」と「是」とは並び生ずるものだ、とするのは、荘周の友人とされる恵施の論理学の出発点であった。『荘子』もその前提を容認して、いう、

彼ハ是ヨリ出《い》デ、是モ亦《また》彼ニ因《よ》ル。彼是方《なら》ビ生ズルノ説ナリ。（「斉物論」）

しかしながら、区別をたてることを前提にしてものを考えるならば、「是」と「非」、「可」と「不可」、「生」と「死」といった対立が永久に解消されることなく、いよいよ細分化されて、相対の対立はいっそうきびしいものになる。されば恵施の学は、「万物ヲ散ジテ厭《あ》カズ」「万物ヲ逐《お》ヒテ反《かへ》ラ

ズ」（以上、「天下」第三十三に示された恵施の学に対する批評）とされるのだ。そこで『荘子』は、いよいよ細分化される対立、あるいは相対社会の区別の悪循環をたつために、「道枢《とうすう》」にたてと主張した。

「道枢」とは、道の「とぼそ」、すなわち、扉をささえる穴である。「とぼそ」があればこそ、双の扉は自由に開き、自由に閉じる。「とぼそ」からみれば、開こうと、閉じようと、同じ動きでしかない。「とぼそ」の穴においてこそ、無窮の開閉に応ずるのだ。もし道の「とぼそ」、すなわち「道枢」にたって判断するならば、「彼」も「是」も、そして「是」も「非」も、同じことになる。「道枢」には、「彼」と「是」、そして「是」と「非」との相対的価値評価はないのだ。「道枢」の穴のなかには、無窮の「是」があるともいえるし、無窮の「非」があるともいえる。たとえ一方の動きを「是」といい、一方の動きを「非」といったところで、それは「道枢」のあずかり知らぬこと、ともに一つの動きであるにすぎない。

このあと『荘子』は、名家の論理を使って、「万物は我なり」「我は万物なり」の命題を、論理をもって明らかにしようとした。その論理はまことに難解であるが、『荘子』学派の論の進め方を知るためには、やはり省略するわけにはゆかない。したがって、読者の辛抱を願いながら、しばらく「斉物論」に展開されている論理を説くことにする。「道枢」のことを述べたあと、「斉物論」はいう、指ヲ以テ、指ノ指ニ非ザルヲ喩《あか》スハ、指ニ非ザルモノヲ以テ、指ノ指ニ非ザルヲ喩スニ若《し》カズ。
馬ヲ以テ、馬ノ馬ニ非ザルヲ喩スハ、馬ニ非ザルモノヲ以テ、馬ノ馬ニ非ザルヲ喩スニ若カズ。
天地ハ、一指ナリ。万物ハ、一馬ナリ。

当時、名家の公孫龍の徒は、有名な「白馬ハ馬ニ非ズ」の論をたてた。どうして「白馬ハ馬ニ非ズ」になるかといえば、馬といえば、白馬・黄馬・黒馬みなそのなかに含まれるが、白馬は黄馬・黒馬ではない。しかし黄馬・黒馬は馬だ。しかるとき、白馬は馬でないことになる、と証明する（『公孫龍子』白馬論）。『荘子』は、その論理を、「馬ヲ以テ、馬ノ馬ニ非ザルヲ喩《あか》ス」といった。同様に、「指ヲ以テ、指ノ指ニ非ザルヲ喩《あか》ス」ともいっているので、「親指は指ではない」といったような議論もあったものかと思う。

「道枢」は、相対の区別をたてないのであるから、もし「道枢」にたって判断すれば、「指」とか「馬」とかの区別は存在せず、すべては「万物の一」であるということになる。したがって、「指」は、「指」でないともいえるし、「指」であるともいえる。「馬」は、「馬」でないともいえるし、「馬」であるともいえる。「指ハ指ニ非ズ」「馬ハ馬ニ非ズ」は、もっとも細分化された区別の命題だ。しかし「道枢」は、そうした細分化された区別を考えようとはせず、そもそも区別ということもたてずに、すべてを「斉同」なものとする。すべての万物は、みな同じく実在物なのだ。実在物ということにおいて、すべては「斉同」である。「指」も「馬」も、しょせんは同じ実在だ。

「馬」をもって、「馬ハ馬ニ非ズ」の論理がたてられるならば、「馬ニ非ザルモノ」、たとえば「指」をもって、「馬ハ馬ニ非ズ」の論理をたてることもできる。その方が、すぐれた論理になるであろう。

　このようにして、相対の区別をすべてなくして、万物はみな同じだと考えるならば、天地の大（極大）と一指の小（極微）は一体になり、万物の多と、一馬の個とは一体になる。いわゆる「一《いち》即《そく》多《た》、多《た》即《そく》一《いつ》」の論理である。かくて「天地ハ、一指ナリ。万物ハ、一馬ナリ。」ということになる。

「万物ハ一馬ナリ」が成りたつならば、「万物は我なり」も成りたつし、「我は万物なり」も成りたつ。されば「斉物論」においていう、

　天地ハ我ト並ビ生ジ、万物ハ我ト一ヲ為《な》ス。

このように、「道枢」の立場にたって、すべての区別の世界、対立の世界、相対の世界をまったく超越し、万物と自己とが同一になるならば、そこにおいて「物化」は成り、相対世界を超克して、逍遙遊ができることになる。

「斉物論」は、いうなれば変身の論理であるから、それを論理によって認識することは実のところ不可能に近いのであるが、当時、名家を中心とした論理学全盛の時代でもあったので、『荘子』も、あえて論理をもって「物化」という変身理論を説こうとした。外篇、「天地」第十二にはいう、

　天地ハ大ナリト雖《いえど》モ、其ノ化ハ均《ひと》シ。万物ハ多ナリト雖モ、其ノ治（秩序）ハ一ナリ。

これもまた、「万物斉同」の立場にたった説である。

朝三暮四のはなし

わかりにくい論理を、より具体的にわからせるために、「斉物論」において、二つの有名な寓話を用意する。その一つは、「朝三暮四」のはなしである。

世俗の人は、それぞれに心をいためながら同じことをしていて、それが同じであるとは知らない。これを「朝三」というのだ。「朝三」とは、いかなることか。ある猿まわしが、猿に「とちのみ」をわけるにあたって、「朝三つ、夕方四つにしよう」といったら、猿どもはいきりたった。そこで、「では朝四つ、夕方三つということにしよう」といったら、猿どもは喜びあった。ことばのなかみはかわらないのに、いい方をかえると、あるいはいきりたったり、あるいは喜んだりする。だからものごとは、より高い次元にたって判断しなければならない。

このはなしは、『列子』の「黄帝」篇にも引かれている。いわゆる「朝三暮四」ということばの原拠になったものである。後世においては、結局は同じことでありながら、いい方をかえることによって当面をつくろうことを「朝三暮四」という。

荘周夢に胡蝶となる

もう一つの有名な寓話は、「斉物論」の最後に引かれている「夢に胡蝶《こちょう》となる」のはなしである。

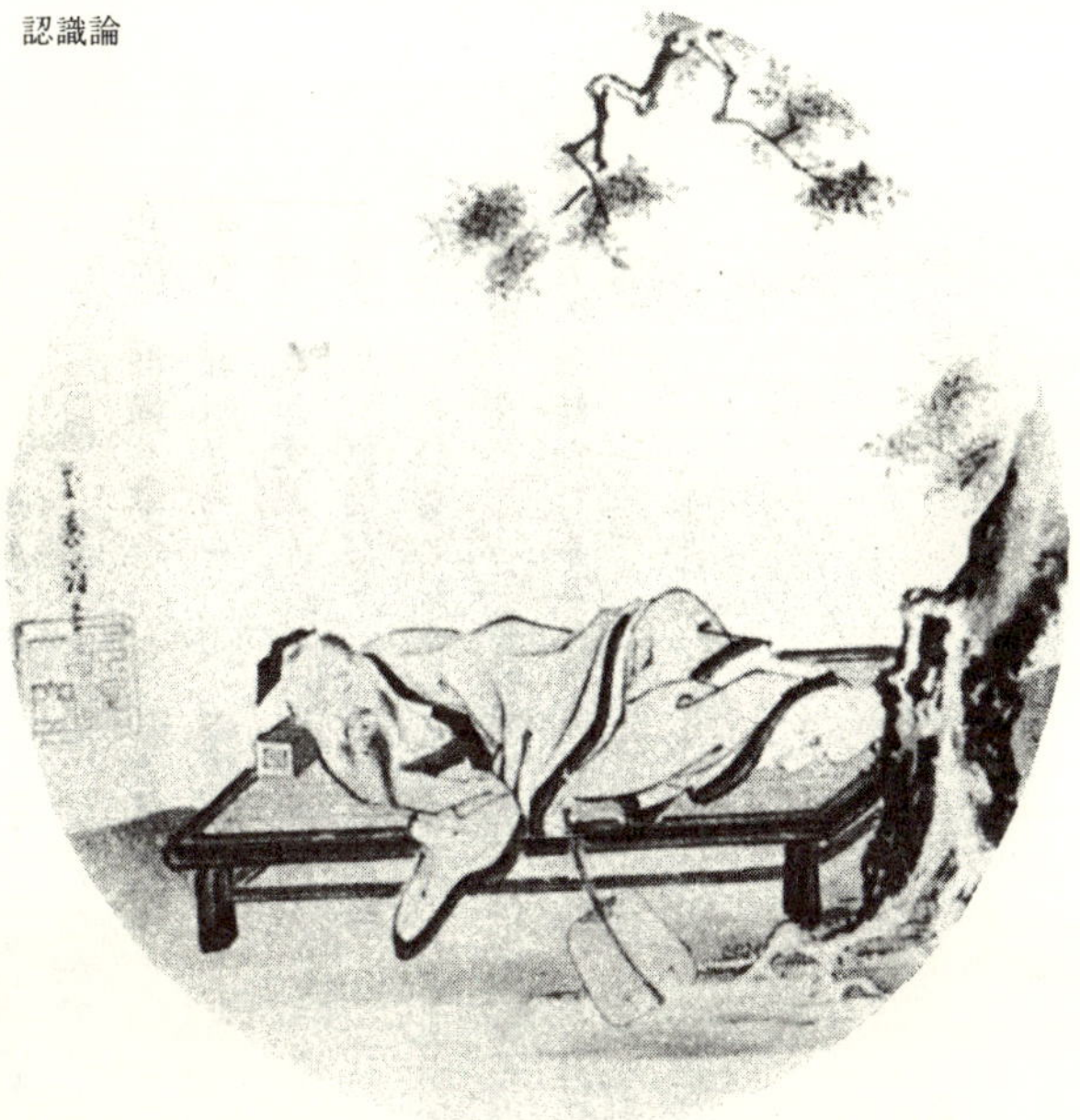

荘子夢に胡蝶となる（英一蝶筆）

かつて荘周は、夢のなかで胡蝶となったことがあった。気づいたときには、ひらひらと飛び回る胡蝶になっていた。そのときののびのびとした楽しさは、十分にわたしを満足させた。自分が人間の荘周であるということを忘れてしまった。しかし、ふっとめざめたとき、自分はまぎれもない荘周だった。われにかえってわたしは考えた、自分はいったい何だろう、人間の荘周が夢のなかで胡蝶になったというのだろうか、それとも、そもそも胡蝶である自分が、夢のなかで荘周になって、いまこうして瞬時人間の姿をとっているのだろうか。人間の荘周と、胡蝶との間には、常識的にいうならば区別があるはずだ。しかし、胡蝶になったときのあの楽しさ、人間の拘束を離れたあの楽しい世界、それを「物化」の境というのだ。
李白は、「古風」と題する連作の詩のなかでうたった。

荘周　蝴蝶を夢み　　荘周夢蝴蝶
蝴蝶　荘周と為《な》る　　蝴蝶爲荘周
一体　更《たがひ》に変易《へんえき》し　　一體更變易
万事　良《まこと》に悠悠たり　　萬事良悠悠

それは、このはなしにふまえてうたったものである。
「逍遙遊」第一と、「斉物論」第二は、内篇のうちでもとくに重要な部分で、そこには『荘子』的考え方の根幹がしるされている。されば、この二篇に説くところを中心にして、とくに「認識論」と題した。

人生論

「逍遙遊」第一、「斉物論」第二の両篇で、相対的世界を超越すべき論理を説いた『荘子』は、次に、しからばいかに生きたらよいのか、のくふうを具体的に語ろうとする。それが「養生主」第三、「人間世」第四の二篇である。「養生主」においては、主として個人の生き方のくふうを、「人間世」においては、社会的存在としての生き方のくふうを語ろうとする。

包丁のはなし

例によって『荘子』は、たくみな寓話を引いてくる。「養生主」のはじめに説く「包丁」のはなしをとりあげてみよう。

丁《てい》という料理人が、ある日、文恵君《ぶんけいくん》（梁《りょう》の恵王）のために、牛の解体のわざをおみせした。丁の手さばきや肩の動かし方、足のふんばり方、ひざのかがませぐあい、みなみごとに音楽のリズムにかない、刀を動かすにつれ、肉がバサリ、バサリと切りさかれてゆく。文恵君は感心していった、「みごとなものじゃ。技術もここまでゆくものか。」

料理人の丁は、刀を置いて答えた。「わたくしの好むところは道であります。それは技術以上

庖丁の図（游刃有余地　横山大観筆）

のものです。私が最初牛の解体に従事いたしましたころは、牛の全体の形ばかりが目についてしかたありませんでした。三年ほどたちまして、ようやく牛全体が気にならず、部分・部分がみえるようになりました。現在は、心をもって対象をとらえ、目でみようとはいたしませぬ。あらゆる感覚器官は働きをやめて、精神のみが活発に作動いたします。こうして、牛に本来そなわっている自然の筋目に従って、そのすきまを切り開き、大きな穴に刀を導き、牛の構造に従って解体してゆくのです。刀を骨や筋のいりくんでいるところにぶつけることもありませぬし、ましてや大きな骨にぶちあてることもありませぬ。

よい料理人でも、一年ごとに刀をかえます。それは対象を割《さ》こうとするからです。つきなみの料理人は、一月ごとに刀をかえます。それは対象を折《くじ》こうとするからです。しかしながらわたくしの刀はきょうですでに十九年、解体いたしました牛の数は数千頭、それでいて、刃《やいば》はいまとぎあがったばかりといったさまです。

そもそも骨肉のつぎめにはすきまがありますが、鋭い刃には厚みというものがありません。厚みのないものを、すきまのあるところに入れるわけですから、ひろびろとしておりまして、刃を遊ばすゆとりがあります。こうして十九年たちましても、わたくしの刀は、いまとぎあがったばかりという姿なのです。

とは申しましても、骨や肉がいりくんでいるかたまりのところに出あいますと、しごとのむずかしさに、じっと心をひきしめ、視力を集中させ、手の動きも遅くなり、刀を少しずつ、ごく少しずつ動かします。やがてバサリと肉が離れ、土のかたまりが地にくずれるように、くずれます。そうして後、刀をひっさげてたちあがり、ゆとりをもって周囲を見回し、しばしは去るのも惜しげにためらって、満足の感動のなかに刃をぬぐってしまいこむのでございます。」

このはなしを聞いて文恵君はいった。「みごとなものじゃ。わしは丁君のはなしを聞いて、養生の道、人生の生き方を学んだ。」

丁という料理人、原文では「包丁」に作る。日本語の「ほうちょう」は、おそらくはこれから出たことばであろう。

この寓話は、処生訓としてまことにすぐれている。おしなべて技術は、すべて丁のはなしのような経過をたどって、その奥義に達してゆくものである。同じしごとをしても、経験をつんだ人は、からだにむりをせず、必要以上に力を浪費することもなく、そして仕上がりも、むりがなくみごとである。それが修行というものである。そしてそこに道があり、そこに人生の生き方のひながたがある。力でおしきるのではなく、おのずからそなわっている対象の筋目に従って自然に対象が解体するようにくふうするのが、人生の秘訣である。

『荘子』は、このはなしをとおして、自然の「理」(筋目)に従って、あるがままに生きるのが、達人の人生というものだ、ということを教えようとしたのであった。

死は帝の県解である

『荘子』は、人間の禍福も、生死も、去るものは追わず、来たるものは、こばまず、すべては自然の運行であるとしてうけとめ、泰然として変化に順応することが、すなわち養生の要訣であると説く。

人間にとって最大の恐れである死の問題について、「養生主」篇には次のごとく、『荘子』的見解を述べる。

老子が死んだとき、友人の秦失《しんいつ》は、その死を弔って、三度儀礼的に号泣しただけで退出した。老子の弟子たちが、いぶかっていった。「そなたは先生の友人ではないですか。」「そうだ。」「ならばどうしてあんな弔問のしかたをなさるのですか。」秦失は、それに対して答えた。

「老子先生がたまたまこの世に来られたのは、先生にとって時のめぐりあわせというものなのだ。また、たまたまこの世を去られたというのも、先生のめぐりあわせに従われたまでのことなのだ。かように、時に安んじ、順に処《やす》んずるのが、所詮は人生なのだと観じたならば、哀楽ははいりこむすきがない。昔の人は死を称して「帝ノ県解」（天帝の命による、さかさづりからの解放）といった。それに薪《たきぎ》は、それ自体はたしかに燃えつきてしまおうが、薪をつぎたす限り、火は伝わり、消えることはないのだ。」

秦失とは、『荘子』が架空に設定した人物で、実在の人ではない。

適《たまたま》来タルハ夫子《ふうし》ノ時ナリ。適《たまたま》去ルハ夫子ノ順ナリ。時ニ安ンジテ順ニ処《を》ル。哀楽入ル能《あた》ハズ。古《いにしへ》ハ是レヲ帝ノ県解ト謂《い》ヘリ。

死生観を示した『荘子』の有名な句である。この世に生きることは、さかさづりされたようなもの、そして死ぬことは、そのさかさづりからの解放（県解）なのだ、と『荘子』は達観をしたのであった。

死生一如　内篇、「大宗師」第六にも、次のおもしろいはなしを伝える。

子祀《しし》・子輿《しよ》・子犂《しり》・子来《しらい》の四人が、あるとき語りあった。「「無」をもって首となし、「生」をもって脊《せな》となし、「死」をもって尻《しり》とすることができる者がいるだろうか。また、死生存亡が一体であることを認識している者がいるだろうか。もしいたら、われわれは友人になろう。」四人は顔をみあわせてにっこり笑い、心にうなずきあって、四人とも親友になった。このはなしは、「生死」と「無」とは一体であるという『荘子』の哲学を、たくみに寓話に写したものである。

また「大宗師」篇には、次のようなはなしをしるす。

子桑戸《しそうこ》という人物が死んだとき、友人の孟子反《もうしはん》や子琴張《しきんちょう》は、遺体を前に琴をひいて合唱をした。孔子はそのありさまを解説して、――かれらは「方外」に遊ぶ者だ。それに対してこのわしは、「方内」に遊ぶ者だ。いまやかれらは、造物者といっしょになって、天地の「一気」、(純粋の気)のなかに遊ぼうとしている。かれらは生を「こぶ」や「いぼ」と解し、死を「ふきでもの」がつぶれ、「はれもの」がやぶれた状態と考えているのだ。だから死と生との先後の別などということは考えてもみないのだ。――と。

外篇、「至楽」第十八においては、荘周がその妻の死にさいして、人の生死は四季の変化のようなものだ、いまわが妻は、「偃《えん》然トシテ巨室ニ寝《ふ》シ」たのだ、といったことをしるす。(二一九頁参照)。

『荘子』の哲学においては、生も死もともに循環する一現象であるにすぎないと解し、(秦失の「薪のはなし」を参照)、死生は一如であるとする。ときにはまた、人が恐れる死は、さかさづりの苦しみからの解放であり、「ふき出もの」や「はれもの」のうみがふき出た状態なのだと説いて、死の世界にむしろいこいの安らかさがあることを説く。

外篇にみる次のことばなども、みなそうした考えに即している。

万物ハ一府ナリ。死生ハ同状ナリ。(万物は天地という庫《くら》のなかの平等な存在物。そして死生は一如である。)(外篇、「天地」第十二)

聖人ノ生マルルヤ天行、其ノ死スルヤ物化ス。(外篇、「刻意」第十五)

人、天地ノ間ニ生クルヤ、白駒《はっく》ノ郤《げき》(すきま)ヲ過グルガ若《ごと》ク、忽然《こつぜん》タルノミ。……已《すで》ニ化シテ生マレ、又《また》化シテ死ス。(外篇、「知北遊」第二十二。老子のことばとして引く。)

しゃれこうべの告白

「至楽」篇第十八には、荘子としゃれこうべとの対話という形で、しゃれこうべに死の世界の安らぎを説かせるおもしろいはなしがある。

楚に行く道中、荘子は髑髏《どくろ》(しゃれこうべ)に出あった。馬の鞭《むち》でしゃれこうべをたたきながら、荘子は聞いた。「先生よ、生をむさぼりすぎ、節度を失ってそんな姿になられたのかい。政治に関係して殺されたのかい。悪事を働き恥を苦にして自殺されたのかい。それとも、飢え死にこごえ死にされたのかい。寿命でそんな姿になられたのかい。」

そのしゃれこうべに枕して寝たところ、夢のなかでしゃれこうべが出てきた。「おまえは口達者なやつだな。しかしおまえがいうのは、みんな生者の立場からの説じゃ。死者の世界は苦しみもなく、そりゃ楽しいものじゃぞ。」そして死者の世界の楽しみを説き出した。「死者の世界はな、上に君もなく、下に臣もなく、無政府の世界なんじゃ。それに労働なんてものもありゃしない。自然の悠遠な時間があるのみだ。天子の楽しみだってこれにはかなわんぞ。」荘子は聞いた、「司命の神さまにたのんで、肉体をとりもどし、故郷に帰れるようにしてやってもよいが、先生はそれを望むかね。」しゃれこうべは眉をひそめ顔をゆがめていった、「天子の楽しみ以上の楽しみを棄てて、人間世界の苦しみを味わうなんて、もうまっぴらだーね。」

そのまま漫画になりそうな場面であるが、『荘子』的奇想と、死に対する達観とが躍如として示されている。

心斎のくふう

「人間世《じんかんせい》」第四において、『荘子』は、社会における人間の生き方を説こうとする。そこで専ら論じられるのは、修養のしかたである。人が社会に生きるための修養として、『荘子』は、心を虚《むな》しくせよ、ということと、無用の用の存在になれ、ということの二つを説く。心を虚しくせよということは、「心斎」のくふうということによって説明されている。

「人間世」において、『荘子』は、孔子と顔回との対話という寓話を設定して、説を進めてゆく。孔子の第一の門人として『論語』においても有名な顔回が、衛の国の政治の乱れにじっとしていられず、衛に赴いて国政に参画しようとする、という場面設定をする。

孔子はいう、そんなことをしても、おまえが刑罰をうけるのがおちであろう。人の心を察することもせずに、しいて仁義の言を暴徒の前に述べたとて、それはかえって人にわざわいをする者、すなわち「菑人《さいじん》」というのに等しい。人にわざわいをする者は、逆に人からわざわいをうける者だ。みずから「名実」(ほまれと物欲)にうちかつことがたいせつだ。まず、自己を作る修養にはげむべきだ。孔子はこのようにして、顔回に、「心斎」ということの必要を説く。

回曰《いは》ク、「敢ヘテ心斎ヲ問フ」ト。仲尼《ちゅうじ》(孔子)曰ク、「若《なんぢ》ノ志ヲ一ニセヨ。聴クニ耳ヲ以テスルナカレ、聴クニ心ヲ以テセヨ。聴クニ心ヲ以テスルナカレ、聴クニ気ヲ以テセヨ。聴クハ耳ニ止《とど》マリ、心ハ符(イメージの形象作用)ニ止マル。気ナル者ハ、虚ニシテ物ヲ待《うけい》ルル者ナリ。唯《た》ダ道ノミ、虚ニ集マル。虚ニスルコソ、心斎ナリ」。

孔子はさらにことばをついで、

虚室ニ白《はく》ヲ生ズ。
吉祥ハ、止《むな》シキニ止《あつ》マル。

と教える。へやのなかを空虚にし、からっぽにしたときに、外光は判然としてわかるものだ。また自己の働きをすべて止めて、「名実」の働きをすべて止めたときに、世の「吉祥」というものは、集まってくるのだ。

西行法師はうたった、

惜しむとて惜しまれぬべきこの世かは
身を捨ててこそ身をも助けめ

有名な「不惜身命《ふしゃくしんみょう》」ということばが生まれるもとになった歌であるが、自己のすべてをみずから放擲し去って、自己が「虚」になったとき、はじめてものごとの判断が正確にでき、やがてはそこに、この世のしあわせが集まるのだ、として、孔子は顔回に、まず「心斎」せよと説いた。

坐忘のくふう

「大宗師」第六には、この「心斎」のはなしをさらに発展させて、「坐忘」の寓話を載せる。孔子の教えをすなおに聞いて修業にはげんだ顔回は、心を虚にするという「心斎」の域を越えて、いながらにして自己を含めたすべてを忘れ去るという「坐忘」の境地に達し、逆に師の孔子をびっくりさせたというのである。

顔回がある日孔子に向かっていった。「先生、わたくしはいささか境地が進みました。」「どうしたのじゃ。」「わたくしはこのごろ、仁義を忘れました。」「よろしい。しかしまだ不十分じゃ。」

別の日顔回はまた孔子に向かっていった。「先生、わたくしはいささか境地が進みました。」「どうしたのじゃ。」「わたくしはこのごろ、礼楽《れいがく》を忘れました。」「よろしい。しかしまだ不十分じゃ。」

さらに別の日また顔回が孔子にいった。「先生、わたくしはいささか境地が進みました。」「どうしたのじゃ。」「私はこのごろ、坐忘しました。いながらにして、すべてを忘れるのです。」

孔子は、ギクッとしていずまいを正し、いった。「坐忘とは、何じゃ。」顔回は答えた。「わが五体をすべて無にし、わが知恵の働きもすべておさえ、肉体を離れ知恵を捨てて、天地宇宙のあるがままの道に化することを、坐忘と申します。」孔子は驚いていった。「天地宇宙の道に同化したならば、好き嫌いの感情もあるまいし、一つのテーゼにとらわれることもあるまい。おまえはやはり、できた人間じゃのう。わしは今後、おまえの弟子になりたい。」

この孔子と顔回の問答というのは、いうまでもなく『荘子』が仮設したはなしで、儒家の経典にこうしたはなしがあるわけではない。『荘子』は、外篇から雑篇へと進むにつれ、しだいに孔子を嘲笑の対象にするのであるが、このはなしにも若干、孔子をピエロにしようとする意識が看取されるであろう。「心斎」のはなしと、この「坐忘」のはなしとは、相関連している。

外篇、「天地」第十二にもいう、

物ニ忘レ、天ニ忘ルル、其レ名ヅケテ、「忘己《ぼうき》」ト為ス。「忘己」ノ人ハ、是《こ》レヲ之《こ》レ、天ニ入《い》ルト謂《い》フ。

是非・可不可が、際限なくいり乱れるこの世において、とくに権力が作用する社会において、天寿を全うして生きのびるためには、「無用の用」の存在になれということを、『荘子』はくりかえし説く。「無用の用」とは、『老子』に示される次のことば、

無用の用㈠

有《ゆう》ノ以テ利ヲ為スハ、無ノ以テ用ヲ為セバナリ。（『老子』十一章）

にもとづくものである。『老子』のこのことばは、コップがコップとしての働きをなすのは、なかが中空だからだ、中空という「無」があればこそ、コップという形あるもの（「有」）は、その存在があるのだ、という考えにもとづくことばである。『荘子』はそのことを、少し方向をかえて、次のようにも説く。

恵子（恵施）が荘子に向かっていった。「君がいうことは役にたたぬ（子が言《げん》ヤ無用ナリ）。」荘子はいった。「無用を知ってこそ、はじめてともに用を語ることができる。そもそも大地は、まことに広大であるが、人が必要なのは、足を置く場所だけではないか。だからといって足の場所だけを残して、あとの大地を地下まで削りとってしまったなら、人は立っていられようか。」恵子はいった。「そりゃ、とてもだめだ。」荘子はいった。「ならば、無用の用たるや明らかなことだ。」

（雑篇、「外物」第二十六）

『荘子』は、この「無用の用」ということばが、よほど気にいったらしい。さまざまの例をあげて、このことを説く。

ただし『荘子』は、「無用の用」ということばを、ふたとおりの価値において用いている。一つは、社会に生きのびるためには、とくに権力社会に生きのびるためには、「無用の用」の存在になれと説く。また別には、「無用の用」の存在を使いうる社会こそ、人間社会の理想の状態なのだとも説く。

不材の大木

ありのままの天寿を全うして生きるためには、「無用の用」の存在になれということを、「人間世」においては、いくとおりかの寓話をもって説く。材木にたとえたはなしが三つほどあるが、それぞれに味があるはなしであるので、三つとも紹介しよう。

石《せき》という大工の名人が、あるとき、斉の国の曲轅《きょくえん》という土地にやってきて、その土地の「社」(鎮守)にそびえる「くぬぎ」の大木を発見した。その大木のかげは、牛をおおうことができるほどで、幹は百かかえもあるかと思われた。その高さは、地上八十尺でようやく枝がはえているという状態で、舟を造る材になるほどの枝が十いくつもついていた。

ところがこの名人は、その大木に目もくれずに通りすぎてしまった。弟子たちはあわてて師匠を追いかけた。「こんなみごとな大木は、これまでみたこともありません。親方が目もくれずに通りすぎてしまわれたのは、いったいどういうわけですか。」

石はいった。「しようのない者どもだ、あれは無用の大木だ。あれで舟を造っても沈んでしまうし、柩《ひつぎ》を作ればすぐ腐ってしまう。道具にしたてればすぐこわれてしまうし、門や戸にすれば「やに」がふき出し、柱にすればすぐ虫がくう。何の役にもたたぬ木なのじゃ。役にたたぬからこそ、こんなに長生きできたのじゃ。」

旅から家にもどった石は、ある夜、例の「社」の「くぬぎ」の精と夢のなかであった。「おまえはわしを無用の大木だなぞとほざきおったが、このわしを、世の役にたつ木とでも比較しようというのか。世の役にたつ木というのは、実が熟するともぎとられるし、大きな枝は切られ、小さな枝はたわめられる。こうして能あるがためにいためつけられ、天寿を全うせずに若死にするのだ。役にたつものというのは、すべてそうしたものだ。わしは、役にたたぬ（無用）ということを進んで求めたがために、こうして天寿を全うして、かえっていま大きな役だち（大用）をなすことができるようになったのじゃ。もし日ごろ、世俗の役にたっていたならば、このような大を保つことはできなかったんだ。

それにいったい、わしを役だたずだというおまえもわしも、もともと天地の間の同じ一物ではないか。だのにどうして、相手を「物」だとしてさげすむのか。おまえだって、ほとんど死にかけの能なし者ではないか。そのおまえから、無用の木などといわれる理はない。」

夢からさめた石は、そのはなしを弟子につげた。弟子はいぶかっていった。「自分から無用の存在になろうとしながら、どうして「社」の木などになったんだろう。」石はいった。「ことばを慎しむがよい。あの大木は、かりそめに身を「社」に寄せたまでのことだ。とやかくいえば、かれは自分の心を知らぬたわけごとだと思うだけだ。あれは「社」の木にならなくても、そもそも伐られることはなかったんだ。かれの立場は、世俗の価値観とは違ったところにある。それを世俗の価値基準でとやかくいうのは、たいへんな間違いなのだ。」

また「人間世」においては、こんなはなしもしるす。

南伯子綦《しき》（先に掲げた南郭子綦と同じ）が、商（宋の国）の丘で大木をみいだした。その大きさは、四頭だての馬車千台が木かげにいこえるほどだった。「何という木だろう。すばらしい用材になるのではないか。」ところが、ふり仰いでその小枝をよく観察すると、それぞれにまがりくねっていて、とても建築材には使用できない。大きな根はとみると、うつろで棺おけも作れない。葉をなめると、口がただれ、傷ができるし、そのにおいをかぐと、三日も悪酔いさせられる。子綦はいった。「案のじょう使い道のない無用の材だ。だからこそこんなに成長したんだ。世の「神人」をもって称される人は、このような不材をもって処生の理とし、みずからの存在を全うさせるのだ。」

三つめのはなしというのは、こうである。

宋の荊氏《けいし》の土地は、「ひさぎ」「ひのき」「くわ」に適した地であった。そこで生長する木は、一にぎり、あるいは二にぎり以上のものは、猿のとまり木として、伐《き》りとられてしまう。三かかえ、四かかえのものは、建築材として伐られてしまう。七かかえ、八かかえもあるものは、貴族や豪商の家によって、柩の用材として伐られてしまう。こうして、すべての木は、天年を終えずに、生長の途中で伐り倒されてしまった。これが、役にたつ木の運命なのだ。

同じようなはなしを、このようにたたみ重ねるのは、『荘子』学派の人々が、よほど「無用の用」――「不材」のはなしに興味を持ち、いろいろにはなしを作って伝えたものを、いちがいに切り捨てがたく、はなしの性格を重複させながらもここに残したのであろう。さまざまの人による雄弁術をもとにして構成された諸子百家の書には、『荘子』に限らず、しばしばこうした現象を部分的にみることができる。

支離疏《しりそ》のはなし

「不材」(使い道がない)であるがゆえに、天寿を全うしえた例として、「人間世」はまた、支離疏というかたわ者のはなしをしるす。支離疏とは、五体がめちゃくちゃな男という意味の仮設の人名である。

支離疏という男がいた。あごはへそのあたりにうずまり、肩はつき出て頭よりそびえ、頸椎は天をさし、五臓は頭の上の方に位置し、両股《もも》がわきばらになっているというひどいせむしであった。この男、針仕事や洗濯で生活をつないでいる。そのほかに箕《み》をふるって米のふるいわけのしごとを特技にして、十人位の家族を養ってゆけた。戦争がおこり、政府が徴兵するようになっても、支離疏は当然徴兵の対象から除かれるので、悠悠と腕をふりながらのし歩いた。政府が公役をおこし、人夫を徴発するときでも、支離疏は徴発されることもない。それでいて政府が不具者や病人に穀物を支給するときには、そのつど米や薪《まき》をうけとる。このように、肉体がかたわであるということだけでも、身を養い天寿を終えることができるのだ。だから、「徳」をかたわにする人間になったならば、本来の自己を完全に全うしうることは、いうまでもないことだ。

「徳」をかたわにするとは、いいかえるならば、世俗的な仁義礼智にいっさい拘泥せず、方外の人士として自由に生きる生活態度をいう。たとえていえば、魏から晋にかけての政治的暗黒時代に、天寿を全うした阮籍《げんせき》のような人物がそれであろう。

唐の白楽天の詩に、戦争に徴発されることからのがれるため、自分の片腕を大石でたたきくずして、ついに自己を全うしえたという「新豊《しんぽう》の折臂《せつび》翁」という詩があるが、その詩の着想はこの支離疏のはなしに発するであろう。『荘子』は、「人間世」の終わりにおいていった。

人皆有用ノ用ヲ知リテ、無用ノ用ヲ知ル莫《な》シ。

材と不材の間

「不材」のはなしは、たとえば外篇の「山木」第二十などになると、思想的にもいくぶん高度になり、バリエーションをもって説かれる。「山木」篇にいう、

荘子は山中で、わっさりと枝葉が繁茂している大木をみいだした。この大木に対しては、木こ

りもその傍に足を止めるだけで、伐採しようとはしない。なぜかと尋ねると、使い道がないという。荘子はいった、「この木は使い道がないがゆえに、天年を終えることができるのだ。」

山から出た荘子は、旧友の家に宿泊した。旧友は喜んで、こどもに「あひる」を殺してもてなすよう命じた。こどもは質問した。「一羽はよく鳴きますが、別の一羽は鳴くことができません。どちらを殺しましょうか。」主人はいった、「鳴けないやつを殺せ。」

翌日、荘子の弟子が荘子に尋ねた。「昨日山中の木は、「不材」、使い道がないということで、天年を終えることができておりましたが、いま主人の「あひる」は、「不材」ということでかえって殺されました。先生は、「材」と「不材」のどちらに身を置かれますか。」

荘子は笑って答えた。「周は「材」と「不材」の中間に身を置くだろう。しかし「材と不材との間」というのは、いちおうはよさそうだが、実はまだほんものではなく、わざわいをまぬがれきれぬところがある。本当には、虚無の道に乗って、世俗の価値基準からまったく超越しなければだめだよ。」

「不材」「無用の用」が、天年を全うするためのてだてだということは、一般にみられる現象ではあるが、ときによれば「不材」なるがゆえに殺されることもある。そうしたとき、「材」でもなく「不材」でもないという境地に身を置くことがいちばんよい、ということになるが、考えてみれば、それもまだほんものではない。ほんもののあり方は、「材」とか「不材」とかの、とらわれた限定された観念からまったく離れて、虚無の道に乗って逍遙するというのが、最上なのだ、と「山木」篇では教える。

「山木」篇で説くところは、「人間世」篇でしきりに説いた「不材」の存在になれという考え方より、よりいちだん高い次元にたっている。そうしたところに、『荘子』学派の人々の思考の深化の姿をみることができる。

無用の用(二)

これまで『荘子』において説かれてきた「無用の用」は、いわば使われる側にたっての知恵であったが、『荘子』はまた別には、使う側に即しての「無用の用」を説く。使われる側においては、役たたずの存在になれば、その天年を全うしうるが、使う側においては、むしろそうした「無用の用」のような存在を、大きく使っていかなければいけない、とするのである。

「無用の用」のような、一見役たたずの存在も、実は十分に使いうる場はあるのだ。もし、小さな極限された是非の区別や相対的差別を超越して、「無用の用」に心おきなく徘徊させたとき、「無用の用」はりっぱに「用」を示す。それが可能なのは、逍遙遊の世界、すなわち人間・万物の絶対自由の世界においてであって、それをさせるのが「真人」なのだ、と『荘子』は考える。そうした「無用の用」の別の一面のはなしは、開巻第一の「逍遙遊」篇において、すでに説かれている。

恵子（恵施）が荘子にいった。「わしのところに大木があり、人はこれを「樗《おうち》」だといってい
る。その幹はひどくふしくれだっていて、定規をあてることもできないし、その小枝はひどくま
がりくねっていて、コンパスもさしがねもあわない。路傍にみすてられたままで、大工たちはふ
りむかない。君のことばはスケールは大きいが、用いるすべがないね。だから多くの人々から顧
みられないのさ。」

恵施は、当時の著名な論理学者で、一つの理を前提にその論理をおしてゆく合理主義者であった。
したがって第一次元的合理を超えたより高い次元の理を追及する荘周の考え方は、まさに役にたたぬ
論理であり主張であると考えたのであろう。雑篇、「外物」第二十六においても、恵施をして「子ノ
言ヤ無用ナリ」といわしめている（七八ページ参照）。しかしながら荘周は、平然として答えた。

「恵施君よ、「いたち」をみたまえ。身をかがめてかくれながら、さまよい歩く小動物をねら
う性《さが》を持つ。東西に小走りしてははね回り、高いところも低いところも避けずに、まことに器用に
動き回るが、結局は、「わな」にかかり、「あみ」にかけられて殺されるのがおちではないかね。

いま君は、無用の大木のことを歎いているが、いっそのことその大木を「無何有《むかう》」の郷、「広《こう》
莫《ばく》」の野に植えて、そのかたわらで、なにものにもとらわれない大自由である「無為」の放浪を
し、また、その下にゆったりとした昼寝を楽しんだらよいではないか。そんな無用の大木は、お
のやまさかりで倒されることもありはしない。役だつところがないといって、困ることはありゃし

ないじゃないか。」

「無何有の郷」というのは、ことばとしては、なんにもない世界という意味で、現実の相対社会にはありえない絶対自由の世界を意味させた、『荘子』一流の皮肉から出たことばである。同様に「広莫の野」というのも、はてしなく広がる無限空間を意味し、絶対自由の境である。

「無用の用」も、使いようによっては生きる。ただしそれは、相対的差別をまったく超越した絶対自由の立場にたったとき、はじめて存分に使いこなせるのだ。「無用の用」の存在を役だたせるためには、使う側において、相対的価値観を超克しなければならないのだ、とこの寓話は教える。

「逍遙遊」篇においては、また、大きなひょうたんのはなしをとりあげて、無用の存在の働きを説く。この場合も問答の相手になっているのは恵施である。

恵施が、魏王(梁の恵王か)から大きなひょうたんの種を贈られた、ということからはなしが始まる。恵施が植えてみたら、みごとなひょうたんができた。それは、五石《ごせき》もの容量を持つかに思われる大ものだった。あまりにも大きすぎて、飲みものの容器にもならぬし、割《さ》いてみたところで、ひしゃくにもならない。底が浅いので、いれものにもならない。ばかでかすぎて役にたたぬというので、ついにぶちこわしてしまった――と恵施はいった。

このはなしをうけて、荘周はいう、大樽にして「江湖」に浮かべたらよかったになあ。「江湖」とは、俗世間をも意味する。君の考えは、やはりとらわれているよ。固定化された考え方に従う限り、大きなひょうたんは、無用の存在でしかない。しかしもし、せまい了見《りょうけん》から離れて、大きな世界に心を遊ばせるならば、無用のでくのぼうも、りっぱに役目をはたすことになるのだ。『荘子』は、そうした方向においても、「無用の用」ということを説く。

同じことばが、かようにいろいろのニュアンスを持ったことばとして流用されるのは、そのことばのもとに多数の説き手が参加して、それぞれの認識と考え方において説くからであるが、そうした問題は、古代伝承のあり方を考える方向に走ってゆくので、いまはその問題に深入りしないことにしよう。

真人・至人・神人

『荘子』は、超相対の知恵を感得した人間、すなわち荘子的哲学を体得し、その道を悟った人間を、「真人」「至人」「神人」などという。ときにはまた「聖人」ということばも用いる。『荘子』という書物は、見ようによっては偉大なる渾沌《こんとん》の書で、用語一つとっても明確に限定できぬところがあるが、「真人」「至人」「神人」「聖人」のことばの用い方も、そのそれぞれを明確に定義することはむずかしい。しかしいずれにせよ、これらのことばはすべて『荘子』的世界観においては理想の方向の存在で、『荘子』哲学の体現者に与える称号である。

「真人」のはなしは、内篇、「大宗師」第六に、まとめてしるされている。「大宗師」篇にいう、真人有リテ後ニ真知アリ。

「真人」にしてはじめて、人間の「真知」は体現されるのだ。

では「真人」とは、いかなる人か。「大宗師」篇に説く、

「真人」は、小数者の逆境にいてもそれを天命と考えてさからわず、権力の地位にたってもおごりたかぶることなく、人生をあるがままに生きて、さかしらを働かすことをしない。だから、失敗しても後悔しないし、成功しても得意にならない。こうして、高い所に登ってもおののかず、水にはいっても濡《ぬ》れず、火にはいっても熱くは感じない。

真人の図（永楽宮、三清殿の壁画。永楽宮は山西省にある道観で、その壁画は元代に描かれたもの。）

「大宗師」篇において、「水ニ入リテモ濡《ぬ》レズ。火ニ入リテモ熱シトセズ」を「真人」の特性とするのであるが、外篇の「達生」篇第十九においては、

至人ハ潜行シテ窒《いきつ》マラズ。
火ヲ踏《ふ》ミテ熱シトセズ。

という。「達生」篇のこと

ば は、列子の言として引用するのであるが、しかるとき、「真人」と「至人」とは、同一の価値にたつ存在であるということになる。

雑篇の「天下」第三十三には、

宗ヲ離レザル、之《こ》レヲ天人ト謂《い》フ。精ヲ離レザル、之レヲ神人ト謂フ。真ヲ離レザル、之レヲ至人ト謂フ。

とある。「真人」と「至人」とは、同じ性格の人物の称であると考えてよいであろう。

「天下」篇の定義に従うならば、道の本体（宗）を離れることのない存在が「天人」であり、道の純粋さを失うことのない存在が「神人」であるというのであるが、一方、外篇の「刻意」第十五においては、

能ク純素ヲ体スル、之《これ》ヲ真人ト謂フ。

とある。しかるとき、「精ヲ離レザル」存在の「神人」と「真人」とは、また、ほぼ同一の性格のものであると考えられる。

「真人」は、火をも涼しとする存在であった。

織田信長に火攻めにあった甲斐《かい》、恵林寺《えりん》（現在山梨県塩山市）の快川《かいせん》和尚は、

心頭ヲ滅却スレバ　火モ亦《また》涼シ。

と偈《げ》を唱《とな》えつつ、泰然として火定《かじょう》についた。これはまさしく、『荘子』にいう「真人」の体現者で

恵林寺（山梨県塩山市）

ある。『荘子』の思想が、禅に継承され、禅の解脱《げだつ》者として、かの快川和尚のような、豪快にして悟境に達しえた修行者が生まれたのである。

ただし、快川和尚の偈《げ》は、快川和尚のオリジナルではなかった。そのことばは、晩唐の詩人、杜《と》荀鶴《じゅんかく》（杜牧の庶子とうわさされた人）の次の詩にみえる句である。

夏日、悟空上人の院にて題《しる》す　　杜荀鶴

三伏《さんぷく》　門を閉ざして　一衲《いちのう》（僧衣《そうえ》）を披《ひら》く
兼ねて　松竹の　房廊を蔭《おほ》ふ無《な》し
安禅　必ずしも　山水を須《ま》たず
心頭を滅却すれば　火も自《おのづか》ら涼《すず》し

夏日題悟空上人院　　杜荀鶴

三伏閉門披一衲　兼無松竹蔭房廊
安禅不必須山水　滅却心頭火自涼

そしてこの詩は、また『碧巌録《へきがんろく》』にも引用されている。快川は『碧巌録』から知っていたのであろう。

中国的仏教である禅は、道教を加味し、道教の始源をなす『荘子』に発した。それゆえ、禅と『荘子』とは、深い関連がある。そのことについては、紙数が許す限り改めて述べるつもりであるが、その禅は、梁《りょう》代に中国に帰化した達磨《だるま》を始祖としつつ、実際の充実は、唐代にあった。とくに晩唐において、詩と禅との関係は密接である。先に掲げた杜荀鶴の詩は、そうした時代に生まれたものである。その詩は、『荘子』にいう「真人」の境地を意識し、そしてそのことばは、十六世紀の日本の傑僧、快川和尚にまで影響を与えた。

「大宗師」篇においては、さらに「真人」について、ことばを続ける。

> 真人は、眠っても夢をみることはなく、覚《さ》めたときでも憂いを抱かない。味覚に心を奪われることもなく、深々と呼吸をする。
>
> 真人は、かかとの底から呼吸をするが、世の俗人は、のどで呼吸をするのだ。真人は、生を喜ぶこと、死をにくむことを知らない。生をえたからといって、喜ばず、死に処しても、こばもうとはしない。ただ、あるがままに来たり、あるがままにゆくのみである。
>
> 自分に与えられた生は、これをうけて喜び、それが去るべき時期になったというのであれば、忘れてこれを自然に返上する。

このように、自己のさかしらから自然に対してよけいなおせっかいをすることのない人物を、真人というのだ。

右に説明した部分の、原文の訓読訳の主要な部分を示すならば、次のごとくである。

古ノ真人ハ、其ノ寝《い》ヌルヤ夢ミズ、其ノ覚《さ》ムルヤ夢無シ。其ノ食《く》ラフヤ甘《あま》シトセズ、其ノ息《いき》スルヤ深深タリ。真人ノ息ハ踵《かかと》ヲ以テシ、衆人ノ息ハ喉《のど》ヲ以テス。

『荘子』は、真人は「かかと」で呼吸し、俗人は「のど」で呼吸するという。呼吸のしかたを、できるだけ下にさげ、のどよりは胸に、胸よりは腹に、(いわゆる腹式呼吸)、と指導するのは、日本人が認識する東洋の医学の説であるが、そうした考え方も、『荘子』にもとづくものであろう。しかし『荘子』は、「真人」になるためには、「かかと」で呼吸をせよという。

いわゆる「真人」が、「生ヲ説《よろこ》ブヲ知ラズ、死ヲ悪《にく》ムヲ知ラズ」という存在であることについては、すでに原文の訓読訳を示しつつ紹介した(三〇ページ)ので、いま改めて述べるのを省く。

「逍遙遊」第一にいう、
至人ハ己《おのれ》無ク、神人ハ功無ク、聖人ハ名《ほまれ》無シ。

また、内篇、「応帝王」第七にいう、
至人ノ心ヲ用《もち》フルヤ鏡ノ若《ごと》シ。将《おく》ニセズ迎ヘズ、応ジテ蔵《かく》サズ、故ニ能ク物ニ勝チテ傷ツケズ。

あるいはまた、外篇、「田子方」第二十一にいう、

> 至美ヲ得テ、至楽《しらく》ニ遊ブ、之《これ》ヲ至人ト謂フ。

「真人」「至人」「神人」「聖人」「天人」は、いい方を違えても、同じ価値判断にもとづくことばというべく、『荘子』においては、こまごました相対現象の区別をしないという立場にたつ以上、いずれも同様な価値観を示すことばであったろうと考えられる。

一方また、雑篇、「徐無鬼」第二十四においてはいう、

> 古ノ真人ハ、之《これ》ヲ得ルヤ生キ、之ヲ失フヤ死シ、之ヲ得ルヤ死シ、之ヲ失フヤ生ク。

このことばは、『荘子』的理想の人間は、その生き方において、「生」も「死」もなく、「死」はまた「生」であり、しばしば「生」は「死」であり、生死という相対的な価値世界を超越して生きる者だ、ということを示す。

「無用の用」という発想において、外篇、「山木」第二十一篇には、より高次の、複雑な思考が示されていたが、この発言もやはり、「真人」の考え方における、より複雑な、より変化に応じうるくふうを示した説明である。『荘子』という書物全体が、同一次元の、同一時期の著作ではありえないことを、端的に示す一例でもある。

いわゆる君子の評価

儒家の世界では、人間修養にいそしむ人を「君子」として尊敬する。しかしながら、『荘子』的世界の理想的存在である「真人」は、人智のさかし

らを働かそうとはしないから、儒家先生のように仁義、仁義とはわめきたてない。

そもそもいわゆる仁義なるものは、いぼのようなもので、人智の余剰物なのだ、と『荘子』は、外篇の「駢拇《べんぼ》」第八にいう。その仁義に殉ずる者を、世の人は「君子」といい、貨財に殉ずる者を、世の人は「小人」というが、「君子」にしても「小人」にしても、一つのことにとらわれて溺れる(殉)という点では同じではないか(「駢拇」篇)。「君子」とて、「真人」と離れること遠い。

「大宗師」第六にいう、

天ノ小人ハ、人ノ君子。人ノ君子ハ、天ノ小人ナリ。

『荘子』のこうした考え方は、やがて、『荘子』世界の政治論につらなってゆき、また、『荘子』的立場からする儒家批判につらなってゆく。そのことについては、次に述べよう。

政治論

『荘子』は、人間の知恵のさかしら、とくに、儒家がいう仁義にもとづく道徳的作為のさかしらを否定する。そこから、『荘子』の政治論が始まる。

渾沌と七つの穴

人智のさかしらを嘲笑するおもしろい寓話が、内篇、「応帝王」第七にある。

南海の帝を儵《しゅく》といい、北海の帝を忽《こつ》とよび、中央の帝を渾沌《こんとん》とよぶ。儵と忽とが、あるとき渾沌の池でめぐりあった。渾沌は、この二人の帝を手厚くもてなした。そこで儵と忽とは、渾沌の好意に感謝のお礼をしたいと相談した。そして思いついた。人間には七つの穴があって、それで見たり聞いたり食べたり呼吸したりするという。しかるに渾沌には、そうした便利な道具がない。せめてもの恩返しに、渾沌に人間なみの穴をあけてやろう。その思いつきに従って、二人はそれから、一日に一つの穴を渾沌にあけるというしごとに精を出したが、七日たって七つの穴が完成したとき、かんじんの渾沌は死んでしまった

「儵」と「忽」、この二つをあわせた「儵忽」ということばは、瞬時の時間を意味する。いわばつかの間の生命をつかさどり、瞬間の知恵を働かす神として、南海の帝と北海の帝を設定した。そ

れに対して、中央の帝である「渾沌」は、偉大なる無秩序、現象社会の象徴である。七つの穴とは、目二つ、耳二つ、鼻二つ、口一つをいう。「渾沌」に人間なみの穴をあけてやろうというのは、好意に発した小さなさかしらであったが、苦心して七つの穴をあけ終わったときには、「渾沌」は死んでしまった。「渾沌」を、「渾沌」のままでほっておいたならば、そこに悠遠の生命があったのである。人智のさかしらは、「渾沌」の生命をちぢめてしまうのだ。

伯夷も盗跖も同じだ

仁義などという人間のさかしらにとらわれている者は、逆に道徳的に悪だとされる方向にとらわれている者とかわりはない。ともにとらわれるがゆえのあやまちをおかしている者を、どちらが是であり、どちらが非であるかということを、一概には決められぬとして、外篇、「駢拇《べんぼ》」第八に、次の寓話をしるす。

臧《ぞう》と穀《こく》の二人が、羊の番人をつとめながら、二人とも羊を亡《うしな》ってしまった。臧に、いったい何をしていたんだと尋ねたら、簡札（古代の書物）をかかえて読書をしていたという。穀に、何をしていたんだと尋ねたら、ばくちをうって遊んでいたという。二人ともすることは違っていたが、ともに羊を亡ったという点では同じ結果を招いた。

伯夷《はくい》は首陽山で餓死して、義士だというほまれを残し、盗跖《とうせき》は利益を追及して大盗賊の汚名を残しつつ、東陵山で死んだ。二人が死んだ由来は同じではないが、生をそこない、性を傷つけた点では、二人とも同じだ。してみるとどうして、伯夷は正しく、盗跖は間違っていたといえよう。

「臧」と「穀」をあわせて「臧穀」となると「臧獲」と同じで、めしつかいをいう。伯夷は、周の武王が殷《いん》の紂《ちゅう》王を伐って殷を倒したことを「暴ヲ以テ暴ニ易《か》フ」であるとして怒り、弟の叔斉《しゅくせい》とともに首陽山にかくれて周王朝の穀物をくらわず、ついに餓死したという義士である。盗跖は、大泥棒、雑篇に「盗跖」篇があるほか、この大泥棒のことは、外篇、「胠篋《きょきょう》」第十にもみえる。

仁に溺れることと、不仁に溺れること、それは溺れるという点において同じだ、と『荘子』はいう。右のはなしに続けて、次のようにいう。

天下の人々は、みな一つのことにとらわれて、身を犠牲にしてしまっている（天下尽《ことごと》ク殉《じゅん》ナリ）。殉ずる対象が仁義である場合には、俗人はこれを君子といい、殉ずる対象が貨財である場合には俗人はこれを小人という。「殉」ずる点では同じなのに、一方は君子になり、一方は小人になる。しかし、生を残《そこな》い性を損《そこな》うという点では、盗跖も伯夷も同じではないか。としたとき、両者の間に君子・小人の区別をつけてみたところで始まらない。

仁義の否定、それは当然、儒家思想に対して抵抗することになる。外篇、「天道」第十三においては、孔子と老子との会見の寓話を載せる。老子が孔子に、その説の中心点を尋ねた。孔子は、「要ハ仁義ニ在リ」とこたえる。それに対して老子は、「意《ああ》、夫子《ふうし》ハ人ノ性ヲ乱スモノナリ」と批評した。また、外篇、「天運」第十四においては、老子が孔子の仁義を評して、「吾子《ごし》、天下ヲシテ其ノ朴《ぼく》ヲ失ハシムルナカレ」と教えている。

〔補〕雑篇、「譲王」第二十八においては、伯夷・叔斉を、「節ヲ高クシ、行《おこなひ》ヲ戻《はげ》マシ、独リ其志ヲ楽シマセテ、世ヲ事トセズ」の「士」であると推賞している。『荘子』の寓話は、このように、あるときは低く評価するかとおもうと、別のところでは高くもちあげたりして、一定した基準を持たない。そうしたところがまた『荘子』の自由さ、奔放さであり、『荘子』のおもしろさでもある。

いわゆる聖人は大泥棒の利益を守る者だ　人間のさかしら、分別、それを行使するいわゆる「聖人」（儒家的な聖人）なるものは、かえって純朴な人間の幸福をそこない、大泥棒の利益を守ってやる者ではないか。そのはなしを、外篇、「胠篋」第十において次のように展開させる。

「つづら」や「ふくろ」、「櫃《ひつ》」、それらにしまってあるものを盗み出そうとするこそ泥への警戒のために、縄をしっかりとかけ、鍵を厳重にしようとするのが、世俗のいわゆる「知」（さかしら）である。しかるに大泥棒がくると、「つづら」や「ふくろ」、「櫃」を、そっくりそのまま背負って持ち出してしまう。縄や鍵を厳重にするさかしらは、大泥棒がそっくり持ち出すことができるように奉仕したようなものだ。それから考えるならば、世俗のいわゆる「知」は、大泥棒のために準備してやることになる。

世俗のいわゆる「至知」（最上の知恵）は、大泥棒を助ける準備なのだ。世俗のいわゆる「至聖」は、国政を盗む大泥棒の利益を守ってやる存在なのだ。

聖人ノ天下ヲ利スルヤ少クシテ、天下ヲ害スルヤ多シ。聖人已《すで》ニ死スレバ、則《すなは》チ大盗起ラズ、天下平《たひらか》ニシテ故《こと》無カラン。聖人死セザレバ、大盗止《や》マズ。聖人ヲ重ネテ天下ヲ治ムト雖モ、則チ是レ重ネテ盗跖ヲ利スルナリ。（以上、「胠篋」篇のことば）

この論理は、『老子』の、

大道廃《すた》レテ、仁義有リ。智慧《ちゑ》出《い》デテ、大偽アリ。（十八章）

あるいはまた、

法令滋《いよいよ》彰《あきら》カニシテ、盗賊多ク有リ。（五十七章）

などから発するものであろうが、それにしても『荘子』のこの寓話は、手きびしい。

外篇、「天地」第十二にいう、

しかけ道具を作ると、かならずたくらみごとが行なわれる。そうするとかならず、たくらんでしかけてやろうとするさかしら心が、また新たにおこってくる。そうしたたくらみ心が生ずると、人間の純朴さは失われる。

機械有ル者ハ、必ズ機事有リ。機事有ル者ハ、必ズ機心有リ。機心胸中ニ生ズレバ、則チ純白備ハラズ。純白備ハラザレバ、則チ神生定マラズ。神生定マラザル者ハ、道ノ載《の》ラザル所《もの》ナリ。

人間の幸福は、純朴な心のなかにある。心を純朴に保とうとするならば、そもそもしかけ道具などを持とうというさかしらをおこさぬ方がよろしい。『老子』に「民利器多クシテ、国家滋《いよいよ》昏《くら》シ」（五十七章）というとおりである。人間社会の「機械」（しかけ道具）の最たるもの、それは戦争に使用する武器だ。『荘子』の思想は、やがて反戦の思想にもつらなってゆく。

理想的治世のあり方

『荘子』の政治論は、内篇においてはその第七、「応帝王」篇にみえる。内篇は七篇であるから、基本篇の最後に政治論が置かれていることになる。ただし政治論とはいっても、『荘子』の場合は絶対者としての個人のあり方を追及しようとするのがその立場であるから、理想的な治世のもとにおける帝王はいかなるものであるべきか、という問題に答えようとするものである。「応帝王」という篇名自体、その内容を体得するならば、「応《まさ》ニ帝王タルベシ」、理想的帝王となるであろうという意味を含ませる。

『荘子』は、理想的治世のあり方を「天根」と「無名人」との問答の形でつらねる。

「天根」があるとき殷陽《いんよう》に遊び、蓼水《りょう》（山西省の川）のほとりで「無名人」に出あった。「天根」は「無名人」に請うた。「どうか天下を治める方法を教えていただきたい。」

無名人はいった。「この俗物め、さっさと消えてゆけ。不愉快な質問だ。わしは造物者の友人なんだ。遊びつかれると、はてしなくあまがける鳥に乗って、六極の外に出、「無何有《むかう》の郷」（何もない世界。虚無の世界。）に遊び、はてしない広野にたたずむ者だ。わしの心をまどわすではない。」

しかし「天根」は、執拗《しつよう》にくいさがって質問をした。「無名人」はついに根負けして答えた。

「おまえの心を恬淡《てんたん》の「淡」の世界に遊ばせ、気を寂漠《せきばく》の「漠」の世界に合体させ、万物のあるがままの姿に順って小さな私をさしはさむことがなければ、天下は治まるだろうよ。」

「天根」ということばは、大地を意味する。地上の政治の根源的あり方を追及する人という意味で、「天根」と命名したものか。「無名人」とは、自己の存在いっさいを忘れてしまって虚無の世界（絶対自由の世界）に逍遙遊をする人である。「無何有の郷」ということばは、「逍遙遊」篇にも示されていたが、超現実の別次元にある絶対自由の世界である。

虚静恬淡、寂寞無為

外篇には、「虚静恬淡《てんたん》、寂寞《せきばく》（漠）無為《むい》」ということばが、何度かくりかえされて説かれる。

夫レ虚静恬淡、寂漠無為ナル者ハ、天地ノ平ニシテ、道徳ノ至《いた》リナリ。（「天道」第十三）

夫レ虚静恬淡、寂漠無為ナル者ハ、万物ノ本ナリ。（「天道」第十三）

夫レ恬淡寂漠、虚無無為ハ、此レ天地ノ平ニシテ、道徳ノ質ナリ。（「刻意」第十五）

虚無恬淡ニシテ、乃《すなは》チ天徳ニ合ス。（「刻意」第十五）

「虚静恬淡、寂寞無為」、これが『荘子』的人生のモットーでもあり、同時にまた、理想的な為政者の姿勢でもある。『荘子』は、純朴がそこなわれぬ政治をこそ最上とする。そのためには、為政者は、みずからすべての欲望を去り、心を寂寞無為に置かなければならないというのである。人間がさかしらを働かすところに、よいことはないのだ。そもそも「道徳」なるものは、無為自然のなかにこそ存在するものだ。

道徳ヲ毀《こぼ》チテ以テ仁義ヲ為スハ、聖人ノ過《あやまち》ナリ。（外篇、「馬蹄」第九）

である。この論理は、『老子』の、「大道廃《すた》レテ仁義有リ」（十八章）の思想を継承する。『老子』にいう「大道」を、『荘子』は「道徳」（『老子道徳経』の「道徳」を意識するか）といった。

あるがままの万物を、あるがままに存在させること、それが政治の大本なのだ。政治の根本は、あれこれとうるさい規則を設けて自然の本性をゆがめるところにはない。もし君子（支配階層に属する人）にしてやむなく天下の治世に臨むとならば「無為」をもってモットーとせよ。万物をあるがままに、自由に存在せしめよ。外篇、「在宥《ざいゆう》」第十一は、そのように説く。「在宥」とは、あるがままに存在せしめて拘束を加えない意である。

故ニ君子已《や》ムヲ得ズシテ天下ニ臨莅《のぞ》ムトナラバ、無為ニ若《し》クハ無シ。無為ニシテ而《しか》ル後ニ其ノ性命ノ情ヲ安ンズ。

また別には、「天道」篇においても次のようにいう、

夫《そ》レ帝王ノ徳ハ、天地ヲ以テ宗《そう》ト為《な》シ、道徳ヲ以テ主ト為シ、無為ヲ以テ常ト為ス。無為ナレバ則チ天下ヲ用ヒテ余《あま》リ有リ。有為ナレバ則チ天下ニ用ヒラレテ足ラズ。

こうした考え方は、これまた『老子』の次のことばなどから発するものである。

無為ヲ為セバ、則チ治マラザル無シ。(『老子』第三章)

民ヲ愛シ国ヲ治メテ、能ク無為ナランカ。(『老子』第十章)

聖ヲ絶《た》チ知ヲ棄ツレバ、民ノ利ハ百倍ス。仁ヲ絶チ義ヲ棄ツレバ、民復《ま》タ孝慈ナリ。巧ヲ絶チ利ヲ棄ツレバ、盗賊有ルコト無シ。(『老子』十九章)

故ニ聖人ハ云フ、我《われ》無為ニシテ、民自《おのづか》ラ化ス。我静ヲ好ミテ、民自ラ正シ。我無事ニシテ、民自ラ富ム。我無欲ニシテ、民自ラ樸《ぼく》(朴)ナリ。(『老子』五十七章)

是《ここ》ヲ以テ聖人ハ、……万物ノ自然ヲ輔《たす》ケテ敢ヘテ為サズ。(『老子』六十三章)

無為の治

しからば、「無為の治」とはどうすることなのか。為政者が何もしない、無策にして放任の状態をいうのであろうか。実はそうではない。すべての存在を、あるがままに存在させることに、むしろいろいろと心を使いながら、その功をみずからのものとせず、みずから

は欲を恬淡とさせ、心を「無」の状態に置くことをいうのである。いいかえるならば、為政者がみずからを修行して、「恬淡無為」になったとき、はじめて、万物はあるがままに生命を活動させ、理想の治世になるというのである。そのことを、雑篇、「則陽」第二十五においては、やや具体的に説く。

昔の人君は、「得《とく》」（成功）を民の努力にありとし、「失」（失敗）を自分の責任であるとし、正義は人民に譲り、枉《ま》がったことは自分の責任としてひきうける。だから、形あるものはたとえ一物でもその形を失う場合があれば、退いてみずからを責めたものだ。

このはなしが、いわゆる「無為の治」の実態なのである。『老子』にいう「民ヲ愛シ国ヲ治メテ能ク無為ナランカ」（十章）である。

また、雑篇、「庚桑楚」第二十三にはいう、

虚ナレバ則チ無為ニシテ、為サザル無キナリ。

このことばは、外篇、「至楽」第十八にいう次のことばとも共通する。

天地ハ無為ナリ、而《しか》シテ為サザル無キナリ。

造物者の心を、為政者みずからの心とすること、それがすなわち「無為の治」の本質なのである。そのようにして「無為」をもって臨むならば、「為サザル無シ」、何ごとも万事うまくゆく、と『荘子』はいうが、「無為ニシテ為サザル無シ」は、これまた『老子』の次のことばにもとづく。

道ハ常ニ無為ニシテ、為サザル無シ。（三十七章）

之《これ》ヲ損ジテ又損ジ、以テ無為ニ至ル。無為ニシテ為サザル無シ。（四十八章）

『荘子』、外篇、「天道」第十三に、

帝王ノ治ハ、……無為ヲ以テ常ト為ス。

という。このことばもまた、『老子』の、

聖人ハ、無為ノ事ニ処《を》リテ、不言ノ教ヲ行ナフ。

とあるのにふまえるであろう。「無為の治」の思想は、『老子』の夢であり、『荘子』はその夢を、さらに拡大させて、さまざまの寓話にしていったのである。

『荘子』は、無為の治が行なわれた時代として、赫胥氏《かくしょし》の治世のはなしをする。外篇、「馬蹄」第九にいう、

赫胥氏のユートピヤ

赫胥氏の時代、人民は家にいて為すところを知らず（働かねば食えぬということもなかったので）、外出するにあたっても行くところを知らず（要するに、一定の目的意識を持つ必要がなかったことをいう）、食べ物を口に含んでは楽しみ、腹を鼓《つづみ》うっては遊び、人民の生活の知恵というのはそうしたていどであった。

ところが「聖人」というものが出現するに及んで、礼楽のためにからだを折りまげさせて天下

の人々の形をつくろわせ、背のびして仁義を求めさせて、天下の人々に自己満足を与えた。かくて人民は、知者になろうと争って努力し、利益を追及してとまらなくなった。それは「聖人」のあやまちであった。

「赫胥氏」というのは、伝説上の帝王である。これに似たはなしは、「胠篋」第十にもみえる。

その昔、容成氏・大庭氏・伯皇氏・中央氏・栗陸《りつりく》氏・驪《り》畜《ちく》氏・軒轅《けんえん》氏・赫胥氏・尊盧《ろ》氏・祝融氏・伏戲《ふっき》氏・神農氏という帝王の時代には、人民は縄を結んだだけでそれを契約のしるしとし、手にするたべものをすべてうまいとし、身につけるありあわせの着物をすべて美しいとして、その習俗を楽しみ、その住居に安んじていた。隣りの国は視界のとどくところにあり、「にわとり」や「いぬ」の鳴き声が聞こえるという平和な社会状態であって、人民たちは老いて死ぬまで相往来すること（他部落に出入すること）もなかった。こうした状態を、最高の政治状況（至治）という。

原始の時代は、人間の純朴さがそのまま生かされていて、まことに住みよい時代であった、とするのであるが、この帝王の名のなかにまた赫胥氏というのが示されている。ここに掲げられた十二の帝王のなか、軒轅氏（黄帝）・祝融氏（火の神とされる）・伏戲氏（伏羲氏・庖犧氏）・神農氏（農業・薬草の神とされる）らについては、他の書物に記録もあるが、その他の帝王についてはまったくわからない。あるいは例によって『荘子』が仮設したものであろうか。

結縄ということについては、『易経』の「繫辞伝《けいじでん》」のなかに次のような記録がある。

上古ハ結縄シテ治ム。後世ノ聖人、之《これ》ニ易《か》フルニ書契《しょけい》ヲ以テス。（易、繫辞伝、下）

今日の未開社会学の知識でも、文字を持たない未開種族においては、木に傷をつけたり、結縄したりすることによって、記録に代えたり契約に代えたりすることはよく知られている。

『老子』第八十章にいう、

民ヲシテ復《ま》タ結縄シテ之《これ》ヲ用ヒシム。其ノ食ヲ甘シトシ、其ノ服ヲ美トシ、其ノ居ニ安ンジ、其ノ俗ヲ楽シミ、鄰国相望ミ、雞犬ノ声相聞コエテ、民ハ老死ニ至ルマデ相往来セズ。

この『老子』のことばは、いま訳出した「胠篋」篇の原文とほとんど同じである。

「馬蹄」篇と「胠篋」篇（あるいは『老子』）にしるされたユートピヤの夢は、以後の中国において、いくつかのユートピヤ伝説を生み出す源になった。「馬蹄」篇には、「哺《ほ》ヲ含ミテ熙《たの》シミ、腹ヲ鼓《う》チテ遊ブ」というが、それを展開させたものとしては、有名な『十八史略』の「鼓腹撃壌」のはなしがある。「胠篋」篇、あるいは『老子』では、「雞犬ノ音（声）相聞コエ、民ハ老死ニ至ルマデ相往来セズ」というが、その状況をユートピヤ説話にとりいれたものに、有名な陶淵明の「桃花源記」がある。

十八史略にしるす無為の治のはなし

『十八史略』では、堯《ぎょう》帝が無為の治を行なったとして、次の有名なはなしを載せる。

堯帝は、天下を治めること五十年、天下がよく治まっているのかいないのか、人民が自分を天子に戴くことを願っているのかいないのか、わからなかった。側近の者に聞いたがわからない。政府の者に聞いたがわからない。在野の人に聞いてもわからない。そこでおしのびの姿で民間に出てみた。するとこんな童謡がうたわれていた。

我が烝民《もろびと》を立つる　立我烝民
爾《なんぢ》が極に匪《あら》ざるは莫《な》し　莫匪爾極
識《し》らず知らず　不識不知
帝の則《のり》に順ふ　順帝之則

老人が口に食べものを含み、腹を鼓《つづみ》うち、足で地面をふみならしながらうたっていった。

日出《い》でて作《さく》し　日出而作
日入《い》りて息《いこ》ふ　日入而息
井《いど》を鑿《うが》ちて飲み　鑿井而飲
田《はたけ》を耕《たがや》して食らふ　耕田而食
帝力何ぞ我に有らんや　帝力何有於我哉

帝王の存在を人民に感じさせない政治、それが理想的な政治で、堯帝はそれをなしえた聖天子である、として『十八史略』は説くのであるが、このはなしは、『荘子』的説話を、堯帝のこととして儒家的説話にきりかえたものである。『荘子』には「哺ヲ含ミ腹ヲ鼓ウッ」（「馬蹄」篇）とあったが、『十八史略』でも「哺ヲ含ミ腹ヲ鼓ウチテ撃壌ス」という。「撃壌」ということばの解釈には諸説あるが、いまは、足で大地をふみならす動作と理解しておく。堯帝がすぐれた天子であったということは、『書経』に述べられているが、『論語』にも次のようにいう。

子曰《いは》ク、大ナル哉《かな》堯ノ君為《た》ルヤ。巍巍《ぎぎ》乎《こ》タリ、唯《た》ダ天ヲ大ナリト為《な》ス。唯ダ堯之《これ》ニ則《のっと》ル。蕩蕩《とうとう》乎《こ》タリ、民能《よ》ク名ヅクル無《な》シ。（『論語』泰伯）

『十八史略』にしるされたような堯帝説話は、『論語』のことばなどにヒントをえて作られたものであろう。ただし『史記』の堯帝に関する記録のなかにはそのはなしはないので、『十八史略』にいうようなはなしが作られたのは、『史記』より後のことである。

後漢の王充（二七—九二）の著、『論衡《ろんこう》』にはいう、

堯ノ時、五十ノ民、塗《みち》ニ撃壌ス。観《み》ル者曰ク、「大ナル哉《かな》、堯ノ徳為《た》ルヤ。」撃壌スル者曰ク、

「吾日出デテ而作シ　日入リテ而息フ

鑿チテレ井ヲ而飲ミ　耕シテレ田ヲ而食ラフ

堯何等ノ力ゾ。」

（『論衡』感虚篇）

現存する記録で「撃壌歌」を引くのは『論衡』がはじめてである。晋の皇甫謐《こうほひつ》（二一五―二八二）の『帝王世紀』には、次のようにある。

堯が帝位に登って、天下は大いに平和になり、民衆は無事であった。八十の老人が道で撃壌していた。これを観《み》た者は、「大ナル哉《かな》、堯ノ徳為《た》ルヤ」と感服した。老人の歌にうたう、

「吾日出而作　日入而息
鑿井而飲　耕田而食
帝何力《ソアラン》㆓於我《ニ》㆒哉《ヤ》」

その「歌」は、しだいに『十八史略』にしるすところに近づいてくる。『十八史略』のはなしは、そうした記録にもとづいて構成されたものである。『十八史略』のはなしが、いつごろからかたまったものか、いま問題にするところではないが、ただこの堯に関する「無為の治」のはなしは、『荘子』にいう赫胥氏のはなしの変型であることが指摘できる。

〔補〕『荘子』の外篇、「天道」第十三に、

夫《そ》レ虚静恬《てん》淡、寂《せき》漠《ばく》無為ナル者ハ、万物ノ本ナリ。此レヲ明カニシテ以テ南郷《きょう》スレバ（天子として君臨すること）、堯ノ君為《た》ルナリ。

とある。したがって『荘子』においても、堯帝を無為の治をなした天子としてみる考え方もあったことが知られるが、しかし『荘子』の堯に対する評価は、一様ではない。たとえば内篇、「逍

逍遥」第一には、堯が天下を許由に譲ろうとして、許由にたしなめられるはなしを載せる。また、外篇、「在宥《ゆう》」第十一では、

昔、堯が天下を治めたときは、天下の民をして欣《きん》欣《きん》焉《えん》としてその本性を楽しませたけれども、

それは「恬《てん》」（無欲から発した安らかさ）ではない。

といって、堯帝のいわゆる「無為の治」はほんものではないのだと、「天道」篇とはくい違った発言をする。あるいはまた、雑篇、「庚桑楚」第二十三においては、

大乱ノ本ハ必ズ堯・舜《しゅん》ノ間ヨリ生ジ、其ノ末ハ千世ノ後ニ存ス。千世ノ後ハ、其レ必ズ人ト人ト相食《は》ム者有ルナリ。

といい、人間社会の混乱の出発は、堯・舜の政治から始まるのだと非難している。

『荘子』の寓話は、まことに変幻自在で、とりあげられた対象に一貫した価値基準がないことはすでに述べたが、堯帝の評価やとり扱いについても、やはり同様のことがいえる。「在宥」篇には、昔は黄帝がはじめて仁義をもって人の心をかき乱した、そして堯・舜はそれを継承したのだ、という。堯帝の扱いのみならず、黄帝までも含めて、非難の対象にする場合がある。たとえば、雑篇、「盗跖」第二十九においては、

黄帝スラ尚《な》ホ徳ヲ全ウスル能《あた》ハズ。……堯ハ不慈、舜ハ不孝ナリ。……。

という。黄帝は、漢代には老子と結びついて、黄老の教えとして道教の祖にされるのであるが、

陶淵明（伝　趙子昂筆）

『荘子』の寓話は、その黄帝に対しても、まことに奔放な評価をする。黄帝・堯・舜に敬意をあらわす姿勢を『荘子』において一貫してみることはできない。

陶淵明の「桃花源記」

桃源境ということばが生まれたごとく、陶淵明（三六五―四二七）の「桃花源の記」は、ユートピヤ説話としてよく知られているが、このユートピヤの描写のなかに、たとえば、「其中《そこ》ニ種作シ、雞犬相聞コユ」という。「にわとり」や「いぬ」が鳴いているというのは、中国において古来、平和の象徴とされる景であるが、その考え、およびことばは、すでにしるしたごとく『老子』第八十章や、『荘子』の「胠篋篇」にしるされたところを利用するものである。

また「桃花源記」において、その別世界に生活する人々は秦の乱を避けて逃げてきた人で、それ以後俗界と往来することもなかったままに、それ以後の王朝である漢・魏《ぎ》・晋《しん》のこ

武陵桃源画巻（松村呉春筆）

とをまったく知らなかったとしるしている。これまた『老子』八十章や、『荘子』の「胠篋」篇にいう「民ハ老死ニ至ルマデ相往来セズ」の考えを示したものである。陶淵明の「桃花源記」は、その発想において、『老子』『荘子』からヒントをえている。

『老子』に発し、『荘子』に継承されて拡大されたユートピヤの夢は、以後の中国人の思考に大きな影響を与え、『十八史略』の「無為の治」のはなしを生み、陶淵明の「桃花源記」を生んだのであった。

儒家批判

孔子に対する批判㈠　内篇

相対的世界を超越して生きることを理想とするのが『荘子』であるから、相対社会における秩序を説き、その秩序に生きる知恵を説く儒家の思想を容認するはずがない。しかし、もし儒家に対して論争をいどむがごとき批判を加えるならば、それは儒家と同じ土俵にたっての低次元の争いでしかなくなる。そこで『荘子』は、儒家の立場をまともにとりあげて批判をすることは避け、儒家の「権威」なるものを戯画化して諷刺するという立場をとった。儒家の権威の最たるものは、孔子である。

黄帝・堯・舜に対する評価が一様でないのと同じく、『荘子』における孔子のとりあげ方も一様ではない。あるときは人格者として表敬し、あるときはひどい俗物としてからかいの対象にしたりする。

内篇七篇のなかにおいて、すでに孔子のとりあげ方に、姿勢の違いがみられる。たとえば「人間世」第四に示された孔子と顔回との対話、そこにおける孔子は、顔回に「心斎」(心のものいみ)を説き、雑念を去るべきくふうを説き、虚の哲学を説く人格者として描き出されている。有名な「虚室ニ白ヲ生ズ」ということばを、孔子のことばとしていわしめている。

しかるに「徳充符」第五においては、孔子と、趾（足の指）を切られた受刑者である叔山無趾《むし》との対話、および、無趾が老聃《たん》に、孔子の批判を語るという寓話を載せる。無趾は老聃に、「孔丘ノ至人ニ於《お》ケル、其レ未《いま》ダシカ」、孔子はまだ、至人とはだいぶ距離がある俗物だとし、それなのにうやうやしく老聃に師事しているが、虚偽の名誉を求めようとしているのにほかならないではないかと老聃に迫る。老聃はいう。「死生ヲ一条《ひとすじ》トシ、可不可ヲ一貫ト為《な》ス」人物に接しさせて、孔子の心のしこりをとかせ、自覚させるよりしかたがないではないか、と。この老聃のことばに対して無趾は、「天刑」（天からの刑罰）をうけている者は救いようがない、という。ここでは孔子を、自己の栄誉にとらわれ、救いようのないさかしらの人間の典型として扱っている。

この「徳充符」の寓話には、孔子が老聃に師事していること、および老聃の孔子に対する批評が示される。後に述べる老子と孔子との会見の説話の源をなすものとみられる。

「大宗師」第六では、孔子が孟《もう》子《し》反《はん》・子《し》琴《きん》張《ちょう》らの自由人を批判して、「彼ハ方ノ外ニ遊ブ者ナリ。而シテ丘ハ方ノ内ニ遊ブ者ナリ。」という。世俗的礼儀にとらわれない自由人の立場をとるのがかれらであり、それに対して、世俗の礼儀を尊重し、そのなかにおける自由を楽しむのが自分だというのである。孔子はそのあとさらに、かれらは「無為ノ業ニ逍遙スル」者であると批評することばを載せる。この説話において孔子は、荘子的哲学の理解者であり、解説者であるという位置に置かれている。

しかし一方、同じ「大宗師」篇において、顔回が孔子に「坐忘」を体得したことを語ったのに対し、孔子が「丘ヤ請フ、而《なんぢ》ガ後ニ従ハン」といったとするはなしをしるす。孔子より顔回の方がむしろ偉かったとするかのごとくでもあり、また、孔子が謙虚の人であったということを示すかのごとくでもある。

このように孔子のとりあげ方は、内篇においてもすでに同一ではない。

孔子に対する批判(二) 外・雑篇

外篇になると、多くの場合、孔子の位置をずっと引きさげて扱おうとするようである。たとえば「天地」第十二においては、孔子が弟子の子貢に、

且ツ渾沌ノ術ハ、予《われ》ト汝ト、何ゾ以テ之《これ》ヲ識《し》ルニ足ランヤ。

と語る。これは、われら儒家は、荘子的な「渾沌」の哲学（宇宙と人生の根源を一致させる哲学）には縁なき存在であり、儒家の徒は「渾沌の術」を知りえぬ存在なのだ、とするのである。

しかしまた、雑篇になると、孔子の位置があがってくるようである。たとえば「寓言」第二十七では、荘子が、友人の論理学者恵子（恵施）に向かって、「孔子、行年六十ニシテ六十化ス」と説く。孔子は、その生涯、たえず努力し、変化し続けた人物である、というのである。このことばは、「則陽」篇第二十五において、「蘧伯玉《きょはくぎょく》ハ、行年六十ニシテ六十化ス」というのと同じいい方であ

る。蘧伯玉は、衛の賢大夫として知られた人であった。こうした孔子のとり扱い方には、尊敬の姿勢があるといえる。

『荘子』における孔子の評価の姿勢をとおして、それぞれの篇の成立時期の問題も、傾向的に考えられるかも知れないが、そうした問題についての論は、今後の研究者に期待したい。

老子と孔子の会見㈠
仁義の問答

儒家と道家との比較論を、寓話においてこころみるものは、外篇においてしきりにみられる老子（老耼）と孔子（孔丘）との問答である。外篇において、老子と孔子とが会見し、問答をするというはなしは、六回以上みられるが、そのなかから二つの寓話をとりあげてみよう。一つは儒家が説く代表的なモラル「仁義」についての論である。「天道」第十三にいう、

孔子は、自分が編集した書物を、周の国の書庫に蔵《おさ》めようとした。子路はいった。「周の王室の書庫役人の老耼なる者が、職をやめて郷里にひきこもっていると聞いております。先生がその蔵書を保管してもらいたいとお考えでしたら、一度ご相談になってみてはいかがでしょう。」孔子はいった。「よかろう。」

老耼のもとに出かけた孔子は、相談をもちかけたが、老耼はなかなか承知しない。そこで孔子は、十二経をひもときながら、内容の説明を始めた。途中まで聞いていた老耼は、さえぎってい

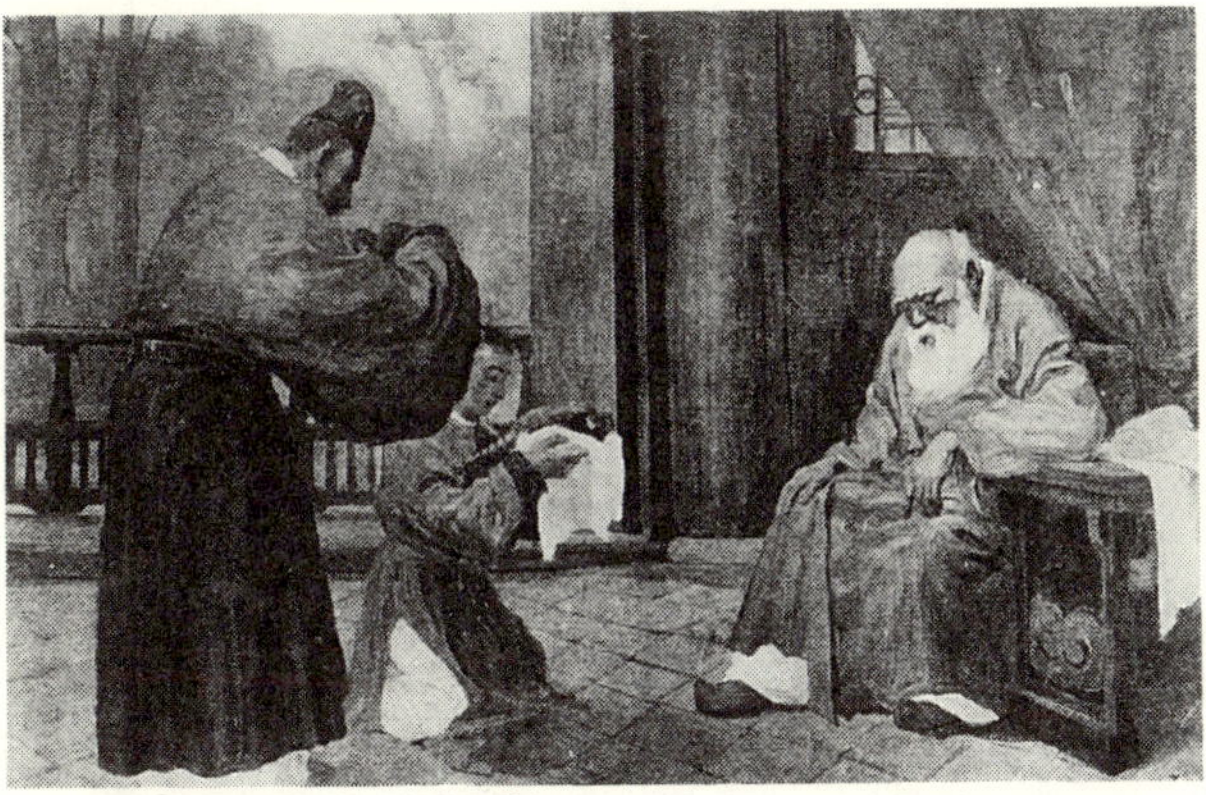

孔老会見の図（中村不折筆）

った。「長たらしいな。要点を聞かせたまえ。」孔子は答えた。「要は仁義ということにあります。」

老聃、「しからば尋ねるが、仁義は人の本性にかなっているのか。」孔丘、「そうです。君子は仁を離れては成らず、義を離れては世に生きてゆけませぬ。仁義はまことに人の本性です。それ以外に本性にかなうものはありませぬ。」老聃、「では尋ねるが、仁義とは何かね。」孔丘、「心から楽しんで行動し、人を平等に愛して私心を抱かぬのが、仁義の心です。」

老聃はいった。「わしの理想とする道に近いな。しかし平等の愛というのは、まわりくどいはなしではないか。また、私心を挟まぬというが、それこそ私心を挟むことではないか。（中略）そなたも、わしがいう無為自然の道徳に従って歩かれるがよい。それが最高の生き方なのじゃ。あくせくと仁義の看板を掲げ、鳴りものいりで迷子をさがすようなことはせぬことじゃ。そなたのやり方は、人の本性をひっかきまわすことなのじゃ。」

老聃が、周の守蔵室の吏（書庫の番人）であったということは、『史記』の老子伝にもしるされている。

老子と孔子の会見㈡　「天運」第十四にいう。

跡《あと》ハ豈《あ》ニ履《くつ》ナランヤ　孔子が老聃に向かっていった。「私は詩・書・礼・楽《がく》・易・春秋の六経《りっけい》を治め、自分でも手数をかけたと思いますし、また、おかげでその内容には熟知していると考えますが、それを政治に生かそうと考えまして、これまでに七十二国を遍歴し、その間に先王の道を論じ、周初のすぐれた為政者である周公・召公の事蹟を明らかにしてまいりましたが、ついに一人の君主もわたくしをとりあげてくれませんでした。まことに人は説きがたく、道は明らかにしがたいものだと思います。」

老子はいった。「君が、治世の君主にあわなかったのはむしろ幸であった。それにそもそも六経は、先王の古い事蹟のあとをしるしたもので、先王の治績の生きた姿を再現するものではない。いま君が説くことは、たとえていえば人のあしあとなのだ。

夫《そ》レ跡《あと》ハ履《くつ》ノ出《い》ダス所ナルモ、跡ハ豈《あ》ニ履ナランヤ。

だいじなのは、「くつ」の方ではないかね。」

このはなしはまた、儒家に対する痛烈な批判である。

『史記』の老子伝によれば、孔子が周に出かけていって老子にあい、礼について質問をしたときに、老子は次のことばで孔子に教えた、としるされている。

吾《われ》之《これ》ヲ聞ケリ。良《りょう》賈《こ》ハ深ク蔵シテ虚《むな》シキガ若《ごと》ク、君子ノ盛徳ナルハ、容貌愚ナルガ若シト。子《し》ノ驕《きょう》気《き》ト多欲ト態《たい》色ト淫志トヲ去レ。是《こ》レ皆、子ノ身ニ益無シ。吾ノ子ニ告グル所《ゆ》以《えん》ハ、是《か》クノ若《ごと》キノミ。

老子のもとを去りながら孔子はつぶやいた。老子は竜だ。風雲に乗って天に上り、人間の知覚では認識できない自由な宇宙をあまがける竜なのだ。

有名な孔老会見をしるす『史記』のはなしであるが、こうした逸話は、秦・漢時代にいろいろと生まれたようで、司馬遷がしるすものもその一つであるが、そうしたはなしの原型は、『荘子』の寓話から発するであろう。

盗跖と孔子の問答

儒家批判の寓話としてもっとも痛快なのは、雑篇、「盗跖」第二十九にしるされている盗跖の孔子評である。盗跖は、天下の大泥棒である。はなしの大略をしるそう。

孔子と柳《りゅう》下《か》季《き》とは友人であった。柳下季の弟を盗《とう》跖《せき》という。盗跖は、九千人の部下を従えて天下を横行し、やりたいほうだいのことをしている大泥棒だ。盗跖を警戒して、大国では城をかため、小国では塞《とりで》をかため、万民は苦しんでいた。

柳下季とは、魯の賢人であった展獲《てんかく》、字《あざな》は季禽《ききん》（一説に子禽）、死後、「恵」をおくり名されたので柳下恵、あるいは展禽とふつうにはよばれている。孔子が尊敬する賢者として、『論語』にも何度かその名がみえる人物である。この柳下恵の弟が盗跖であったというのは、もちろん『荘子』一流の作りばなしである。

孔子は、柳下季にいった。「兄たる者は、当然弟に教えるべきものと考えるが、いま先生は世の才ある人物としてたたえられながら、弟の盗跖が天下に害をなし、それを教戒することもできないというのでは、先生のために恥ずかしいではありませぬか。ひとつ先生に代わって説いてみようと思いますが――。」

柳下季はいった。「先生の雄弁をもってしても、盗跖にはどうにもなりますまい。盗跖という男は、いかにもわが弟ですが、その心は、わき出る泉のように無際限のエネルギーがあり、感情の動きはさながらはやてのようにすさまじいのです。どんなに強力な敵でもおさえつけるる力と、悪を善といいくるめる弁舌を持っています。自分の気に入れば喜び、心にさからえば怒り、何かというと人を罵倒するという人物です。先生、おやめになった方がよろしいでしょう。」

孔子は聞き入れず、顔回を馭者とし、子貢を同乗者として、盗跖にあいに行った。

盗跖は、泰山（山東省）の南で部下を休ませながら、なますにした人間の肝《きも》を食っていた。孔子は車から降りて口上を述べた。「魯《ろ》の人、孔丘、将軍閣下のご高徳をうかがいまして参上いたしました。おとりつぎ願いたい。」

とりつぎのことばを聞いた盗跖は大いに怒り、大きな星のようなギョロ眼を光らせ、髪の毛が冠をつきあげんばかりの形相で、いった。

此レ夫《か》ノ魯国ノ巧偽ノ人孔丘ニ非ズヤ。

「きゃつめ、例の魯の国のペテン師の孔丘ではないか。わしがいったと伝えるがよい。——てめえはかってなごたくを並べやがって、文王だ武王だとくだらぬことをぬかしやがる。木の枝皮で作った冠（枝木の冠）をかぶり、死牛のわき皮（死牛之脅）を帯にして（後に述べる儒服をいう）、つべこべとへらず口をたたき、自分では耕しもせずに食らい、織りもせずに着ながら、唇や舌だけを動かして、えてがってな是非の論、そいつで天下の君主たちを迷わしていやがる。さらには、天下の学徒に本にかえることを忘れさせ、やたらと孝行だの長幼の序だのを信じこませて、あわよくばこの連中に封侯富貴の望みを抱かせようとたくらむインチキ男め。てめえの方こそ、罪は大きく、とがは重いぞ。さっさと帰りやがれ。もし帰らぬというなら、きさまの肝をぬきとって、昼飯のおかずにしてくれようぞ——。」

孔子は、辞を低くしてまず徳の論を展開し、「閣下のように人徳をそなえていらっしゃるお方が、盗跖の名をえておられるというのは、まことに口惜しいことと考えます。」と、盗跖を説得しようとした。盗跖はいよいよ怒って、ますます孔子をののしりまわした。そのことばのなかには、次のようなことをいう。

盗跖の罵倒

（盗跖のことば）「おれはこんなはなしを聞いておる。昔はけだものが多く、人間は少なかった。じゃによって人民は、巣に住んでけだものを避け、昼はどんぐりや栗の実を拾い、夜は木の上にやすんだ。だからこれを「有巣の民」といったんじゃ。昔は民は衣服を知らず、夏の間はせっせと薪を集めて積みあげ、そいつを冬の間燃やして暖をとったんじゃ。これを「知生の民」（本能に生きる民）というんじゃ。

神農氏の時代には、人民は安眠できたし、起きているときは無欲無心でくらし、母あるを知って父あるを知らず、鹿や「のろ」といっしょに生活し、自分の分は、みずから耕して食らい、織って着、互いに侵害しあうこともなかった。この時代までが、人間の理想的な時代だったんじゃ。

その後、黄帝という男が帝王の座について、戦争がおこり出した。そのあとには堯・舜がたち、臣下の秩序なんていうやつを作りやがった。湯王（殷）、武王（周）、それ以後の連中は、すべて強をもって弱をしのぎ、衆の力で少数者をやっつける「乱人の徒」なんじゃ。

いまてめえは、文王・武王の道をおさめるとぬかしやがって、天下の言論を統制し、後世に教えようとしていやがる。だぶだぶの着物をつけ、帯をかっこよくつけやがって（縫衣浅帯）、でたらめをほざき、インチキをしやがっては天下の君主をわずらわし、そいつで富貴の地位にありつこうとしていやがる。盗という点では、てめえより以上の者はいねえや。天下の連中が、てめえを盗丘とよばねえで、このおれさまの方を盗跖なんぞとほざきやがんのは、いってえどういうわけなんでえ。」

盗跖の孔子に対する罵倒のことばは、なお続くのであるが、このへんで省略しよう。要するに孔子は、盗跖に道を教えるどころか、逆に盗跖から、さんざんにいいたいほうだい毒づかれ、盗跖の方から真の人間のあり方の哲学を聞かされて、ほうほうのていで退出したのであった。

孔子は再拝して走り出た。門を出て車に乗り、たずなをとろうとしたが、三度もたずなをとりそこねた。目はくらんでみえず、顔色は死《し》灰《かい》のごとく、車前の横木にとりすがって頭をたれ、息もつけぬありさまであった。魯の東門の外で柳下季に出あうや、いった。「虎の頭をなで、虎のひげを編もうといった愚行でしたわい。すんでのところガブリとやられるところでした。」

このくだりは、そうした説明で結ばれている。盗跖に語らせたものは、実は荘子の哲学であった。そして盗跖は、孔子に対して「多辞謬《びゅう》説」「矯《きょう》言偽《ぎ》行」などのことばでののしりまわす。ことばだけが先行し、インチキ行為を行なう偽善者だというのである。

このあと「盗跖」篇は、満《まん》苟《こう》得《とく》と子張との問答というのを載せるが、満苟得のことばにも「儒者ハ偽辞ス」といわしめている。こうした評価は、荘子学派の儒家評を端的に示したものである。

当時の儒者たち

『荘子』がしるされたころの儒家は、いったいどういう状況にあったのだろうか。孔子がなくなったのは紀元前四七九年、そして荘周の没年を、かりにふつうに考えられている説に従って紀元前二八六年においたとき、孔子の没後、荘周が活躍するまでに一世紀半以上もの年代を経ていることになる。

孔子の没後、その門人たちは、曾参《そうしん》を中心とするグループと、子夏《しか》・子游《しゆう》を中心とするグループに分離したが、その後さらに細分化の傾向をたどっていったらしい。すぐれた指導者がいなくなると、その末流は内部抗争に勢力をそそいで細分化してゆく傾向を持つのは、古今を通じての共通現象であるが、儒家もまたその例外たりえなかった。

『韓非子』の「顕学」篇によると、儒家は後に八派にわかれたという。八派とは、次の八である。

1　子張の儒　　5　漆雕《しっちょう》氏の儒
2　子思の儒　　6　仲良氏の儒
3　顔氏の儒　　7　孫氏の儒
4　孟氏の儒　　8　楽正《がくせい》氏の儒

子思は、孔子の孫。曾参について学んだ人であるから、2の子思の儒というのは、実質的には曾

荀子

参派ということである。4の孟氏とは、孟子。7の孫氏とは、荀子である。孟子は、子思の系列について学んだ人であり、荘周とほぼ同時期の人であったが、その後学は子思派とわかれ、別派を作ったらしい。荀子は、荘周よりも約半世紀後の人である。

『荀子』の「非十二子」篇によれば、孔子の没後、子思・孟軻《か》（孟子）につらなる儒と、子張・子游・子夏の儒とに分かれたことをいう。そして『荀子』は、子張・子夏・子游派の儒者を「賤儒」と称して、その精神を忘れた形式主義的姿勢を批判する。

『荘子』の「盗跖」篇でいうような儒家批判が、いつごろの儒者を念頭に置いていっているものであるかは明らかにしえないが、いずれにせよ、儒家の形式主義に流れた末流をとくに意識して、その批判はなされているのであろう。

儒服をまとった儒者

末流の儒者は、儒服という特殊な服装をつけていたらしい。儒服について、ややまとまった記録を残しているのは、『荘子』外篇の「田子方」第二十一である。次のようなはなしを伝える。

荘子が魯《ろ》の哀公におめにかかった。哀公はいった。「魯の国に儒者は大勢いるが、先生の哲学を奉ずる者はまれじゃ。」荘子はいった。「いや、魯国には儒者も少ないですよ。」哀公、「魯国をあげて儒服しているというのに、なぜ儒者は少ないというのか。」

荘子、「私の聞くところによりますと、儒者が圜冠《えんかん》（円い冠）をかぶり、句屨《くく》（角ばったくつ）をはき、腰に玦《けつ》を帯びたりするのは、それぞれに意味があるらしいのですが、修行をつんだりっぱな君子は、かならずしも君子の服を着用しないし、逆に君子の服と称してそれを着用する者は、かならずしも修行をつんだ者とは限りませぬ。もし殿さまが、そんなことはあるまいとお考えでしたら、国中に命令して、実体がないのにその服装をしている者は死刑に処する、とおふれを出してごらんなさいませ。」

哀公はそのことばに従い、国中におふれを出して五日め、魯国には進んで儒服をつける者がいなくなった。ただ一人、儒服をして哀公の門にたった者がいた。哀公はさっそくよびいれて国事を相談したが、かれの議論は千変万化してとりとめがなかった。荘子はいった。「魯国をもってしても、真の儒者はたった一人ではありませぬか。多いとはとてもいえないでしょう。」

このはなしも、また寓話である。魯の哀公というのは、孔子在世中の魯の主君であるから、それから一世紀半も後の荘周が、哀公にあえるはずはない。儒家の「儒」ということばは、まわりくどい人、現実に対処できない人、迂遠《うえん》な人、ということばから出た、そもそもはにくまれ口であったが、『荘子』はこの「田子方」篇においても、真の儒者としてたった一人残った者が、公即《すなは》チ召シテ、問フニ国事ヲ以テスレバ、千転万変シテ窮《きは》マラズ。

であったとして、儒者が迂儒《うじゅ》なる人であるという皮肉をきかしている。なにかといえば「先王の道」を説き、人間的あり方を抽象的にいろいろとつらねるのみで、具体的な政治に対処する議論にはならない、というのが、非儒者の側の人が儒者一般に対して抱いたイメージであった。

それはともかくとして、先の寓話では、魯の国の儒者をもって自任する者が、圜冠・句屨し、玦を帯びるという儒服をまとっていたという。先に掲げた「盗跖」篇では、孔子一派が「枝木冠」をつけ、「死牛脅」の帯をまとい、「縫衣浅帯」していることをののしっている。儒者は儒服をまとい、また逆に、儒服をまとう者は儒者であると一般には考えられていたのであった。

儒服の実態

儒者が、儒服と称される特殊の服装をしていたらしいことは、『荘子』以外にも、いろいろな記録がある。

『礼記《らいき》』の「儒行」篇には、魯の哀公が孔子に、「先生の服装は儒服ですか」と尋ねたのに対して、孔子が次のように答えたという。

私は若いときから魯に住んでおりまして、縫掖《ほうえき》の衣（わきの下がだぶだぶの衣服）をまとっておりました。また、長く宋《そう》におりまして、章甫《しょうほ》の冠（殷代の冠）をかぶりなれております。

『墨子』の「公孟」篇には、公孟子なる儒者が章甫の冠をかぶり、笏《こう》（しゃく）をさしはさみ、儒服して「子墨子」にあったというはなしをしるす。また、『孔叢子《くぞうし》』の「儒服」篇には、子高なる人物が「長裾」（すその長い衣服をつけること）し、「褒袖《ほうしゅう》」（だぶだぶのそで）をふるい、「方屐《げき》」（角ばったくつ）して、平原君にまみえ、平原君が「君子もまた儒服するか」と問うたはなしをしるす。その他、『荀子』の「哀公」篇、「儒效」篇、『大戴礼《だたいれい》』の「哀公問」にも、儒服の説明として、章甫、絇屨《くく》（くつ先に飾りをつけたもの）、縫衣浅帯などの語が示されている。

儒服というのは、ある種の冠、だぶだぶの衣服（縫衣）、浅くしめた大帯（浅帯）、角ばったくつ（あるいは飾りのついたくつ）、笏、玦などに特色があった。それは、周の王朝における朝服でもあり祭服でもあった「端衣《たんい》」に似たものであったらしい。冠は、孔子の場合、章甫という殷代の冠を着用していたらしい。

章甫という冠は、冠頂から背後にかけて、木の枝のような飾りがついていたので、盗跖はそれを嘲笑して「枝木の冠」といったらしく、「枝木冠」と章甫冠とは同じであるとする説が一般的である。一方、圜冠というのは、別には鷸冠《いつ》（「しぎ」のとりの冠、「しぎ」は、雨を予知するとされ、天文の術者の冠に用いられた。）、あるいは術氏冠と称されるもので、それは主として巫祝《ふしゅく》（みこや祭祀儀礼執行人）が着用したものであったということを、清《しん》の章炳麟《へいりん》、『国故論衡』の「原儒」にいう。

儒服には、朝服系統のものと、巫祝（祭祀儀礼執行人）の服装系統のものとのふたとおりがあった

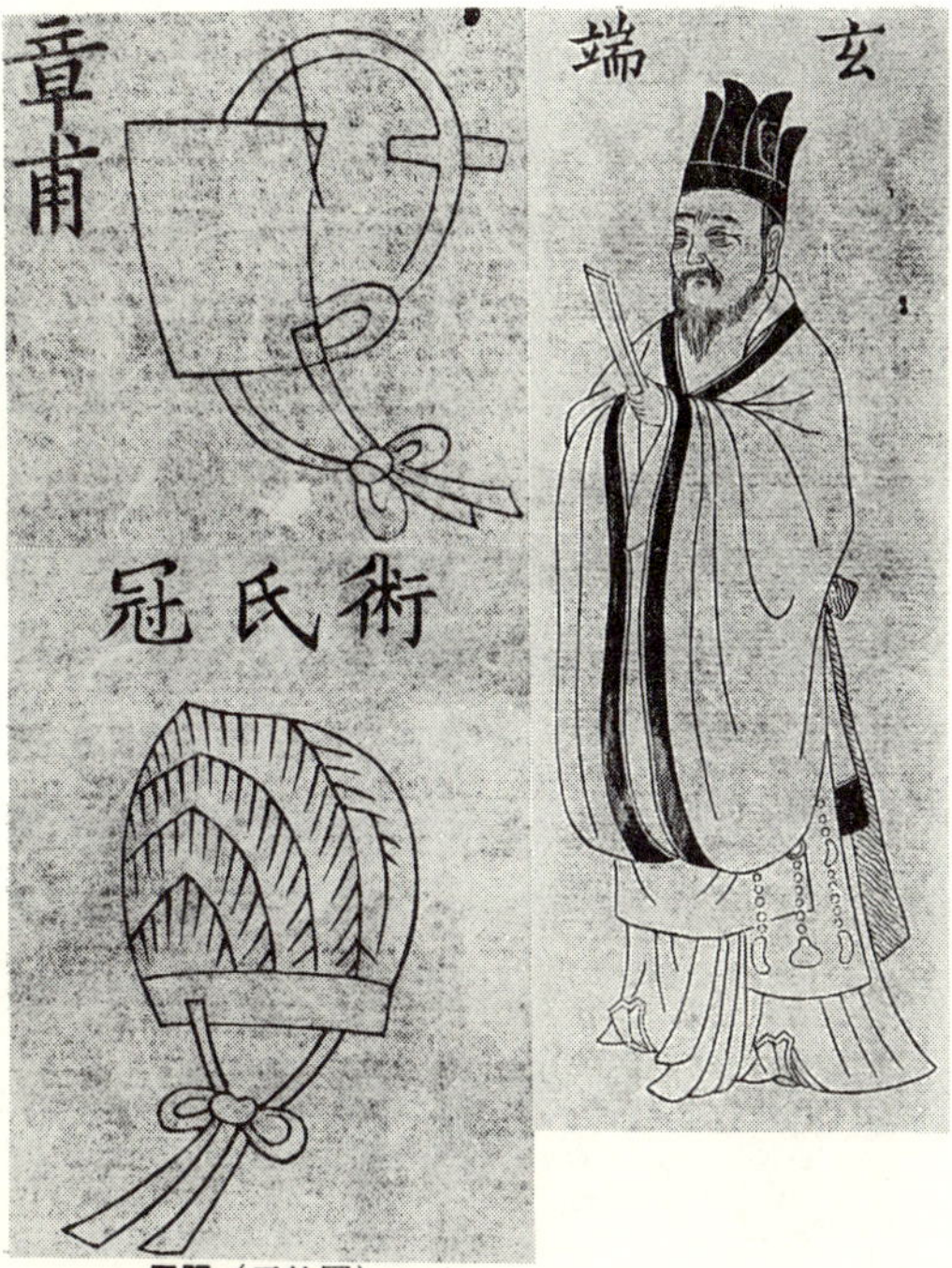

儒服（三礼図）

ようである。そのことは、儒者にも、国政を論ずる派と、祭祀儀礼執行人として生計をたてる派とがあったことを思わせる。朝服系統の儒服は、『論語』において孔子が門人に、それぞれの希望をいわせたとき、公西華が、

宗廟ノ事、如《も》シクハ会同ニ、端・章甫シ、願ハクハ小相ト為《な》ラン。
（『論語』先進）

と答えたという、その端衣・章甫がそれである。朝服は礼服であったので、宗廟の祭祀のときにも着用した。

一方、圜冠（鷸冠・術氏冠）に端衣をまとう方は、専ら宗教的祭祀儀礼者としての儒者が着用したもので

あったであろう。冠の相違はあるにしても、いずれにせよ、儒服は行動性にとぼしい儀式用の服装である。そうした服装をして、口を開けば先王の道を説くがゆえに、儒者は実際社会には迂遠な存在であり、偽善者であるという批評が、しだいに強くなってきたものであろう。『荘子』がしるす儒者批判は、寓話ではあっても、あるていど当時の世相をえぐったものであるといえる。

墓荒らしをする儒者

『荘子』には、さらに怪異な儒者の存在をしるす。雑篇、「外物」第二十六にしるされるはなしがそれである。そこには、墓あばきを専門とする「儒者」の姿がうつされている。

儒者が、詩を口ずさみ、礼の作法に従いながら墓あばきをする。親分の大儒が伝令をとばした。

東方が白みかかった　　東方作矣
しごとのぐあいはどうだ　　事之何若

子分の小儒がいった。「まだズボンとシャツをほどいておりません。あっ、口のなかに珠を含ませてあります。詩にも申すとおりです。」そして次の詩をうたった。

青々とした麦が　　青青之麦
墓の上にはえている　　生於陵陂
生きて徳《めぐみ》を施さぬ者が　　生不布施

死んで珠を含んで何になる　死何含珠為

そういいながら、死体の鬢《びん》の毛をつかみ、あご下のひげをおさえた。すると別の儒者が、金づちでおとがいをたたきながら静かにほおぼねをはずし、口の中の珠を傷つけることなく、まんまと手にいれた。

このはなしに「詩」として引くものは、『詩経』の詩まがいに作ったでたらめの詩である。『論語』の「述而」篇に、

子ノ雅言スル所ハ、詩・書・執礼。

という。孔子が平素つねづね口にされていたものは、『詩経』『書経』のことば、そして礼儀作法のときのことばであった、というのが『論語』のことばの意味であるが、いま儒者たちは、『詩経』まがいの詩を口ずさみながら墓荒らしをする。葬式儀礼執行者、さらには「おんぼう」にまでなりさがった儒者があったことを諷刺して、このはなしは作られているのかもしれない。そのことは、重沢俊郎博士、『周漢思想史研究』にも述べられている。

『荘子』にしるす儒家にまつわる寓話は、もちろん事実ではないが、儒家の一部には、そのように批判される現象が、たしかに存在していたものと考えられる。儒者をやりこめる『荘子』の論法は、なかなかに痛快である。そして、世俗の権威にまどわされることなく、たえず人間存在の本質にたちかえって考えよということを、『荘子』はくりかえし説き、そのために世俗的権威のベール

をひきはがすのであった。

『荘子』の思想基盤

『荘子』の形成

『史記』において、『荘子』を評していう、

其ノ学ハ、闚《のぞきみ》セザル所無シ。然レドモ其ノ要ハ、老子ニ本ヅキ帰ス。

この批評は、まことにおもしろい批評である。『荘子』の根本的な考え方が『老子』に根ざしていることは、これまでの叙述でも明らかになったであろうし、いまさら改めていうまでもないことであるが、「其学無所不闚」と司馬遷がいったその意味を、少しばかり考えてみたい。「闚」ということばは、「のぞきみする」という意味のことばで、とくに楚の地方の方言では、「ぬすみみする」という意を含ませたらしい。そのことは、揚雄（前五三—後一八）の著である『方言』に、

闚トハ視ナリ。凡ソ相《あひ》竊《せつ》視《し》スル、南楚、之《これ》ヲ闚ト謂《い》フ。

とある。『老子』『荘子』のものの考え方が、中国の南方的風土に根ざすものがあったのではないかということは、たとえ

揚　雄

ば老荘と『楚辞』の思想との接近などにおいて考えられることである。司馬遷は、感覚的にそうしたことを承知していて、楚のことばのニュアンスをこめた「無所不闚」ということばを、ここに選んだのではなかろうか。

それはそれとしても、『荘子』の思想形成には、他学派のいろいろな思想が加味されている。そのことは、「天下」篇第三十三に述べられてもいることで、すでに概説したところでもあるが、他学派の主張の細部にたちいりつつ、もう少し綿密に、他学派と『荘子』との関係を考えてみたい。『荘子』思想の形成において、他学派からの影響は、実のところなかなかに大きい。『老子』の考えを、そのまま展開させただけでは、『荘子』は生まれなかったのである。

『荘子』という書物は、戦国時代の中期以後、いわゆる諸子百家の隆盛の浪にもまれながら形成されてきた。したがって『荘子』のなかには、荘周と同時代、あるいは荘周より後の諸子百家の言説や着想も、それがすぐれておりおもしろいと考えられたものはどんどんとりいれられた。当時の諸子百家というのは、たとえ他学派の説であっても、みどころのあるものは自説に咀嚼《そしゃく》し、自説の拡充をはかった。そうしなければ、乱世に生きる知恵として、社会の変化とともに生きることはできなかったのである。

墨子の思想と『荘子』

『荘子』の終わりに置かれた「天下」篇においては、荘周学派が敬意をはらう思想家として、まず第一に墨翟《ぼくてき》・禽滑釐《きんこつり》をあげる。禽滑釐は、墨翟の弟子として知られている人である。墨翟・禽滑釐をもって代表される墨家の思想は、しいたげられた集団のなかから生まれたもので（刑余者集団から生まれたとする説もある）、この派の人々はすべての人間に対しての無差別平等愛（兼愛）を説き、自己を無にして社会のために尽くすべきことを説き、奢侈《しゃし》を退けて勤勉力行を説き、戦争反対（非攻）を主張した。その説の誕生は、荘周よりずっと前にある。

荘周、および荘周学派の人々は、この墨家集団の考え方にまず学ぶところがあった。荘周、およびその学派に加わる人々も、同じくしいたげられ続けた土地の、苦労をし続けた階層の人々である。墨家の思想に、おのずから共感するところがあった。

墨子の後学は、『韓非子』顕学篇によれば、墨翟の死後、相里氏《そうり》（相里勤）の墨、相夫氏の墨、鄧陵氏《とうりょう》の墨の三派にわかれ、仲間どうしの分裂抗争を事としたという。荘周の時期にはおそらく、内部抗争の激化のために学派自体は衰退していたころかと考えられるが、しかし「天下」篇においては、

墨翟・禽滑釐ノ意ハ是ナリ。其ノ行《おこなひ》ハ則チ非ナリ。

その考え方はよかったが、実践のしかたにあやまりがあったのだ、と好意的な評価をくだしてい

る。

宋鈃・尹文と『荘子』

「天下」篇において、墨翟・禽滑釐の次にとりあげる学派は、宋鈃・尹文の徒である。この二人は、斉の威王・宣王が天下の学者を斉の都の臨《りん》淄《し》(山東省)に招き、上大夫としての礼遇を与えて稷《しょく》門の近くに住まわせ、自由に討論させた、いわゆる「稷下の学」に参加した人物である。時代は、荘周とほぼ同時代にあたる。宋鈃は「そうけい」または「そうけん」と読むが、孟子との対話の相手になった宋牼《そうけい》(『孟子』告子篇下)と同一人物である。また、『荘子』の「逍遙遊」第一では、宋栄子として登場する。「逍遙遊」篇によれば、宋栄子は、「内外ノ分ヲ定メ、栄辱ノ境ヲ辯《あきらか》ニス」と評価されている。

尹文は、『呂氏《りょし》春秋』の「正名」篇や、『説苑《ぜいえん》』の「君道」篇に記載されている。自己の欲望をできる限り少なくすることを説き(「天下」篇では「情欲寡浅」と説明する)、無抵抗主義にたった反戦論者であった。インドのことわざに、「最大の幸福をうるためには、最小の欲望を持て」ということばがあるが、インドの哲人ガンジーを思わせるような思想家であった。

この二人は、論理学にも興味を持っていたらしい。「天下」篇に、二人を評して、

万物ニ接スルニ別宥《べつゆう》ヲ以テ始メト為《な》ス。

という。「別宥」とは、言語の概念規定をそれぞれに明確にさせることと考えられる。「逍遙遊」に

宋栄子を評して、「内外ノ分ヲ定メ、栄辱ノ境ヲ辯《あきらか》ニス」というのも、そのことをいうのであろう。

この二人の立場を「天下」篇は、次のことばで規定する。

天下ノ安寧ニシテ、以テ民ノ命ヲ活《い》カシ、人ト我トノ養《やしなひ》、畢《ことごと》ク足リテ止マンコトヲ願ヒ、此レヲ以テ心ヲ白《きよ》クス（精神を統一させること）。

その考え方は、墨家の思想に共通するところもある。そしてとりわけ反戦の姿勢は徹底していた。やはり「天下」篇にいう、

侮《あなど》ラレテ辱《はぢ》トセズ、民ノ闘《とう》ヲ救ヒ、攻ヲ禁ジ兵ヲ寝《や》メテ、世ノ戦《たたかひ》ヲ救フ。此レヲ以テ天下ニ周行シ、上《かみ》に説キ下ニ教ヘ、天下取ラズ（その説を）ト雖《いへど》モ、強聒《きょうかつ》（大声で叫び続ける）シテ舎《や》メザル者ナリ。故ニ曰《いは》ク、「上下ニ厭《いと》ハレテ強《し》ヒテ見《まみ》エントス」ト。

みんなから嫌われながらも、しいて面会を求め、天下の人々が無視し続けても、大声でその主張を叫び続けた人だというのである。世の人のためによびかけを続けること、まことに積極的であったが、あまりにも人のことをかまいすぎ、自分のことを無視しすぎた、と「天下」篇は批評する。

然リト雖モ、其ノ人ノ為《ため》ニスルコト太《はなは》ダ多ク、其ノ自《みづか》ラノ為《ため》ニスルコト太ダ少《すくな》シ。

宋鈃・尹文は、墨家思想を尊重しながら名家の論理をも加味した人であったが、その「人我」を養う姿勢や、「侮《あなど》ラレテ辱《はぢ》トセズ」の姿勢、無抵抗の姿勢は、荘周学派にも強い影響を与えたに違いない。

彭蒙・田駢・慎到と『荘子』

宋鈃・尹文の次に、「天下」篇にあげるのは、彭蒙《ほうもう》・田駢《でんべん》・慎到《しんとう》の三人である。彭蒙は、田駢の師と称されるが、その思想は「天下」篇にしるされている以外、くわしいことはわからない。田駢・慎到は、ともに稷下の学士として『史記』にその名がみえ、その伝は、「孟子・荀卿列伝」にかんたんに付載されている。

田駢は、斉の人。慎到は、趙《ちょう》の人で、『十二論』を著わしたという。今日『慎子』という書物があるが、これは後人が集めたものである。『漢書』の芸文志《げいもんし》によれば、『慎子』はもと四十二篇あったとされ、芸文志では法家のなかに並べられている。慎到は、一面において客観主義的信賞必罰を説いたので、法家に列せられたものである。

馮友蘭《ふうゆうらん》の『中国哲学史』(新編)は、先にあげた宋鈃・尹文も、いま考える彭蒙・田駢・慎到も、すべて道家として扱っているが、これらの人々を一概にどの学派に属するものときめつけることは困難である。これらの思想家はいずれも、自由な立場にたった反体制的思想家であったのだ。

彭蒙・田駢・慎到の主張は、万物はすべて平等な存在なのだとする「万物斉同」のイデオロギーにたつものである。そのモットーとするところは、すべてに対して公平無私ということである。対象をあるがままにながめ、対象のあるがままに従い、価値の先入観を持ってはならないとする。もし万物に対して、是非を前提に価値評価と選択とをするならば、元来無差別的平等にたつべき「道」の立場から離れる、とするのである。そもそも「道」は、すべての存在を切り捨てることなく、包摂するものだ。比較によって等級をつけるならば、それはすでに「道」のあり方からはずれると説く。「天下」篇は、それを次のことばで解説する。

選ベバ則チ偏《あまね》カラズ。教《くら》(校)ブレバ則チ至ラズ。道ハ則チ遺《す》ツル者無シ。

この立場にたつがゆえに、たとえば慎到は、差別の前提となる個の存在を否定し、「知ヲ棄テ、己《おのれ》ヲ去《す》ツ」(「天下」篇のことば)べきことを説く。それは、自己を棄てて万物に同化せよという無我の立場にたつものである。

すでに述べたごとく、『荘子』は「斉物論」第二において、自己を万物と同化させよと説いた。その考え方は、彭蒙・田駢・慎到の「万物斉同」の考え方と共通するものがある。『荘子』の「斉物論」は、彭蒙らの説から導かれているのであろう。

「天下」篇は、「知ヲ棄テ、己ヲ去《す》ツ」べきことを説いた慎到の思想を紹介したあと、

慎到ノ道ハ、生人ノ行《おこなひ》ニ非ズシテ、死人ノ理ニ至リ、適《まさ》ニ怪ヲ得タリ。

と批評する。慎到のように徹底して自己を否定し去ってしまうと、それは生きた人間を死者にしてしまうことになりかねず、その主張をいよいよおし進めるならば、すべては「怪」、すなわち幽鬼になってしまう、とする。「万物斉同」の立場には賛成しながらも、主体を失うなと説くのが、『荘子』の立場なのである。

「天下」篇においては、楊朱のことにはひとこともふれていないが、極端ともいえる個人主義を説いた楊朱の思想も、『荘子』の思考に少なからぬ影響を与えていると考えられる。

楊朱の説と『荘子』

楊朱は、戦国初期の思想家で、衛の人。墨翟とともに、荘周よりははるかに前代の人である。一時、墨子の説に並んで、楊・墨の思想が天下にはびこったことは、『孟子』滕《とう》文公下にしるされている。

楊朱の学説は、『孟子』尽心篇上に、

楊子ハ我ガ為《ため》ニ取ル。一毛ヲ抜キテ天下ヲ利スルコトヲモ為《な》サザルナリ。

と説かれているごとく、墨子の「兼愛」（自己を無にした平等愛）とはまったく逆の、極端ともいえる個人主義を主張するものである。

かれの主張は、

人人一毛モ抜カズ、人人天下ヲ利セザレバ、天下治マル。（『列子』楊朱篇）

というところにあったともいう。この楊朱を始祖とする楊朱派の論は、『呂氏春秋《りょししゅんじゅう》』の「本生」「重己」「責生」「情欲」などの諸篇に、断片的にみられる。

楊朱は考えた。一個の生命こそ、もっとも貴重なものだ。生活のすべては、この一個の生命を養うためにこそあるのだ。生命の主体は、したがって「我」である。この「我」をだいじにすることが、もっとも肝要なのだ。その立場にたって楊朱は、ろこつに「為我」、わがためにこそなすべしの説をとなえた。『淮南子《えなんじ》』の「氾論訓《はんろんくん》」は、この楊朱の思想を、「全生保真」であるとする。

全生保真、物ヲ以テ形ヲ累《わずら》ハサザルハ、楊子ノ立ツ所ナリ。(『淮南子』氾論訓)

しかしながら、『荘子』においても「全生保真」を説く。雑篇の「庚桑楚」第二十三において、庚桑楚のことばとしていう、

汝ノ形ヲ全ウシ、汝ノ生ヲ抱ケ。

庚桑楚は、道家の思想家とされる亢倉子と同一人物である。また、雑篇、「盗跖」第二十九においては、盗跖が孔子を評して、

子ノ道ハ狂狂伋伋《きゅうきゅう》、詐巧虚偽ノ事ナリ。以テ真ヲ全ウスベキモノニ非ザルナリ。実《な》ンゾ論ズルニ足《た》ランヤ。

という。ここでいう「全真」は、「全生保真」と近い。『荘子』の考え方のなかに、楊子学派の「全生保真」の思想が投入されていることは否定できない。

しかしながら『荘子』は、極端な個人主義はこれを嫌った。極端に「我」をたてると、それは慎子がいうとおり差別の前提を固執することになり、物に同化せよという考え方とはくい違ってくる。『荘子』は、万物平等の立場にたちながら、自己存在の「真」を生かすことを、窮極の姿勢にしたといえよう。己は万物であり、万物は己であるという考え方が、『荘子』の「斉物論」の説である。

己なき万物への同化は、死人の理であって、生人の理ではない、と慎子の説に批評していった。自己存在のすべてを否定し、無視する立場に『荘子』は賛成しなかった。そのために、楊子学派の説も加味したのである。

名家と『荘子』

「天下」篇の最後は、荘周の友人であった恵施の論理学、およびその仲間である公孫龍の論理学を解説する。この部分は、元来は「恵施篇」として独立していたらしいが、郭象がテキストを整理したとき、「天下」篇の末尾に節略してつけたのであるといわれている。『荘子』学派は、この名家の論理学にも非常な興味と関心とを持ち、名家的な論法を自己学派の主張において利用した。

恵施は、荘周と同じく宋の人。梁《りょう》の恵王に仕え、恵王の没後はさらに襄王に仕え、宰相として活躍した。その論理学は、「天下」篇に紹介されているいわゆる「歴物十事」という十の命題が、代表的なものである。いずれも詭弁的論理学であるが、恵施の場合は、とくに空間論に興味を持っていたらしい。「天下」篇に紹介されている「歴物十事」は、証明の説明がないのでくわしいことはわからないが、たとえば、

厚サ無キモノハ積ムベカラザルモ、其ノ大イサハ千里。

というようなことをいう。数学上の面は、いくら積みあげても面であるが、空間には無限の面が存

在し、その面は無限に広がるということを論じようとしたものか。

　汎《あまね》ク万物ヲ愛スレバ、天地ハ一体ナリ。

ともいう。この考え方は、墨子の兼愛の思想と、彭蒙・田駢・慎到らが説く万物斉同の考え方とを綜合させたものか。

公孫龍は、趙の人。趙の平原君に仕えたとされるので、恵施よりは少し遅れて、紀元前三世紀に活躍した人らしい。その詭弁的論理学は、「天下」篇に、桓団《かんだん》・公孫龍の徒の詭弁説として「二十一事」をあげる。桓団とは、『列子』仲尼篇の韓檀《かんだん》と同一人か。『墨子』のなかの「墨経」（経上・経下・経説上・経説下・大取・小取の六篇をいう）にも、公孫龍の論が解説されている。また『列子』仲尼篇にも、公孫龍の詭弁八条を載せる。今日、公孫龍の思想をしるすものとして、『公孫龍子』六篇もある。「卵ニ毛有リ」「白馬ハ馬ニ非ズ、堅石ハ石ニ非ズ」などが、公孫龍の代表的詭弁論である。

この公孫龍は、宋鈃・尹文の後学ということになっている。宋鈃・尹文が概念の分析を盛んに行なったらしいことは、「天下」篇に、

　万物ニ接スルニ別宥《べつゆう》ヲ以テ始メト為《な》ス。

というとおりである。「別宥」とは、別囿、概念の境界を明確に分別することをいう。公孫龍は、この派につらなる論理学者であった。

そもそもこうしたたぐいの論理学は、墨家においてすでにきざしていた。『墨子』の「貴義」篇において、「名」と「取」をとりあげ、「名」は概念認識であり、「取」は事実に即した具体的認識で、「取」にこそ実体があり、ものごとにおいては「取」を第一に考えるべきであることをいう。『墨子』のこうした考え方は、やがて墨家集団の論理学に発展していった。

墨家からきざし、宋銒・尹文を経て、恵施・公孫龍に至る詭弁的論理学の盛行と、『荘子』の論理展開の技法とは関係があるとみられる。「斉物論」において、論理学盛行の風潮にあわせて、『荘子』も詭弁的論理をたくみに駆使することについてはすでに述べた。そのほかにも、たとえば外篇、「天道」第十三に、老子のことばとして引用する次の語、

我ヲ牛ト呼ババ、之《これ》ヲ牛ト謂《い》ハン。我ヲ馬ト呼ババ、之ヲ馬ト謂ハン。苟《いやしく》モ其ノ実有ルニ、人之《これ》ニ名ヲ與ヘテ受ケザレバ、再ビ其ノ殃《わざわひ》ヲ受ケン。

などはやはり、当時盛行していた論理学の命題を意識するものであろう。また、雑篇、「則陽」第二十五にもいう、

異ヲ合シテ以テ同ト為《な》シ、同ヲ散ジテ以テ異ヲ為ス。今、馬ノ百体ヲ指ササバ、馬ヲ得ズ。而《しか》レドモ馬前《まへ》ニ係《つな》ガルレバ、其ノ百体ヲ立テテ之ヲ馬ト謂フナリ。

この論理構造、そして説得のしかた、それは名家的論理である。

名家の詭弁的論理のおもしろさは、人の意表をつく奇想と、次元をすりかえるたくみさにある。

『荘子』はそのおもしろさを、『荘子』的寓話のなかに縦横に発揮したといえる。次元のすりかえは、次元の超越でもあり、現象世界からの超脱でもある。

天下ニ秋豪（毫）ノ末《まつ》ヨリ大ナルハ莫《な》ク、太山（泰山）モ小ナリト為《な》ス。殤子《わかじにのこ》ヨリ寿《いのちなが》キハ莫ク、彭《ほう》祖《そ》モ夭《よう》ナリト為ス。天地ハ我ト並ビテ生ジ、万物ハ我ト一為《た》リ。（「斉物論」五十七ページ参照）

無限大の視野からみるならば、相対社会の大小・長短の別などは問題にならないことをいうのであるが、その論理の進め方は、詭弁論者の言説に近い。

しかしながら『荘子』は「天下」篇の最後に、恵施の学を批評して次のごとくにいう。

恵施の学は、この世の実在物に対しては役にたたない議論でしかないが、それでも当代の一学派として存在する価値はある。もしかれが、「道ヲ貴《たつと》ブ」という方向、すなわち根源の遡《そ》及の方向にいちだんと進んだならば、理想の域に近づくであろう。しかし恵施は、この世の千差万物の現象を追っかけまわしてあかず、ついには辯を善くするという評判をとるにとどまった。

恵施ほどの才能を持ちながら、惜しいことには、奔放にその才を走らせるのみで本質をえず、万物の現象を追いかけまわすのみで本源にたちもどることがなかった。さながら、声をもって響を追いかけ、形をもって影と競争させるというべきもの。悲しいことである。

『荘子』の世界は、恵施ふうの論理の進め方をおもしろいとはするが、それに流されることはなく、むしろつねに現象の根源にたちもどり、人間のあり方や、万物の存在の本質を考えようとするものであることを宣言する。その宣言のとおり、たえず現象の本質にたちかえり、相対社会の超越を思索し、追及し、その方向において多様な寓話を生み出しつつ、その思想を深めていったのが、『荘子』という書物なのである。

『荘子』の本質

『荘子』思想の出発が老子にあることはいうまでもないが、それとともに他方楊・墨にもある。馮友蘭《ふうゆうらん》の『中国哲学史新編』は、道家思想の出現を墨子以後にありとし、その思想の出発点を楊朱に求めようとした。いまその説にただちに賛成はしないが、楊子学説の考えが、『荘子』思想の基底に横たわっていることはたしかである。

『荘子』は、人間の平等を説き、反戦を説く墨子から、また強い影響をうけた。この墨家から、宋銒・尹文の学説が出、彭蒙・田駢・慎到の「万物斉同」説と無抵抗主義が生まれ、また名家が出た。『荘子』の思想は、それらをもたくみにうけいれ、血肉にする。その咀嚼力にはたくましいものがある。稷下の学者たちの学説も、いちはやくこなしていった。

墨子に発するこうした思想家群は、すべて反体制的立場をとる。それらの考え方を肯定し、血肉にした『荘子』は、したがって、そもそもが反体制的方向にたった思考である。ただ『荘子』は、相対社会からの超脱ということを、その発想の基点にすえる。そのためにその思想は、脱体制の方向に向いてゆく。相対社会を超脱することの知恵を説くがために、その思想はときに観念哲学であるとのそしりをまぬがれない。現に革命後の中国では、一般的に『荘子』を観念哲学であると評価している。そうしたそしりをうける理由は、たしかに存在するであろう。

しかし『荘子』は、体制に即しての観念論を説くものでは、絶対にない。反体制に即しての脱体制を説くのであって、脱体制思想の元祖でもある。それゆえ、清談（後述）の思想と『荘子』とは通いあい、ヒッピーの哲学と『荘子』とは通じあうものがある。

『荘子』の最初のすぐれた理解者である阮籍《げんせき》（二一〇—二六三）は、「達荘論」においていった。荘周は存在の本質を考究したのであって、稷下の学者たちと辯を争ったのではない、と。その見解は正しい。稷下の学説をいちはやく咀嚼しながら『荘子』は、終始一貫、もっとも根源的問題である人間存在の本質を考え続け、ここに偉大なる知恵を確立させたのであった。

Ⅲ　『荘子』の影響

不老不死と道教

不老不死と『荘子』

「死生ヲ以テ一條トシ、可不可ヲ以テ一貫トス」（「徳充符」第五）るのが『荘子』の根本哲学であるので、やがてその哲学は、不老不死の夢に発展してゆく。『荘子』的「真人」になるならば、生死を超越した人間になるのであるから、死んでも死なない――永遠に死ぬことはない――という考えに転換してゆく。こうして不老不死という、人間の最高の欲求への知恵が、『荘子』と結びつけて説かれるようになった。

その実際は、秦《しん》代のはなしにはやくも求められる。それは、はじめての統一的天子として君臨した秦の始皇帝をめぐってのはなしである。『史記』の「秦始皇本紀」に、次のようなはなしをしるす。

燕《えん》の方術の士盧《ろ》生《せい》という人物が、始皇帝に説いていった。「わたくしどもは長らく仙薬・仙人を求めておりますが、邪魔《じゃま》する者がおりますために、いまだにえられませぬ。どうか陛下は、人に知られぬように行動なされて悪鬼を避けてくださいませ。悪鬼を避ければ「真人」はやってまいります。しかし陛下の所在を人に知られてはなりませぬ。「真人」と申しますのは、水にはいってもぬれず、火にはいっても熱さを感ぜず、雲気をしのぎ、天地とともに長生する存在です。いま陛下は、天下を治められながらも、いまだ「恬淡《てんたん》」の境地には達しておられませぬ。どうか陛下、生活の場所を人に知られぬよう、かくれてくださりませ。そうすれば不死の薬は手にはいります。」

盧生のことばにいう「真人」「恬淡」、ともに『荘子』のことばである。とくに「真人ナル者ハ、水ニ入《い》リテ濡《ぬ》レズ、火ニ入リテ熱カラズ」というくだりは、『荘子』内篇、「大宗師」第六に「真人」を説明して、

高キニ登リテ慄《おび》エズ、水ニ入リテ濡《ぬ》レズ、火ニ入リテ熱カラズ。

といっているところを引くものである。始皇帝は、この盧生の言をいれて、以後「朕《ちん》」と称することをやめ（「朕」という自称は、始皇帝から始まった）、みずからを「真人」と称し、かつ生活の場をくらますために、咸陽《かんよう》（秦の都）の近くにたくさんのかくれがのための宮殿をこしらえた、と『史記』にいう。不老不死の思想と『荘子』とが密接に関連していたことを示すかっこうの例である。

道教と『荘子』

漢王朝第七代の天子である武帝が、儒学を国学として定めるまでの時期、専ら流行していたのは黄老の学、あるいは黄老の術と称されるものであった。それは、黄帝・老子を中心にすえた宗教的なものであったが、方術的色彩を相当強く持っていた。第

五代の天子、文帝の皇后であった竇《とう》皇后は、次の景帝の時も太后として健在であったが、この竇太后はとくに黄老の学を好み、かくて黄老の学は一世を風靡《ふうび》した。このとき『荘子』も当然のこと愛読されたに違いないが、ことの詳細は明らかでない。

後漢《ごかん》にはいって、仏教の中国流伝とともに、在来の民間信仰的なものがしだいに仏教の刺激をうけて宗教儀礼を整えるようになり、民間宗教を土台に黄老の学や老荘思想を加味したものに、さらに仏教が加わり、宗教的体系を整えた道教が生まれてきた。

道教の形成は、後漢の社会に生まれた太平道・五斗米《ごとべい》道に出発するといわれる。太平道は、道士干吉《かんきつ》（琅琊《ろうや》の人）に始まるとされるが、これが有名になったのは、後漢末の大乱のなかで活躍した黄巾《こうきん》の賊の首領張角の力による。五斗米道も、太平道とほぼ同じころ生まれたらしいが、その開祖とされる張陵（張道陵ともいう）の時代はさだかでない。太平道・五斗米道には、老荘の学がとけこんで混入され、とくに『荘子』は重要な位置を占めてきた。

唐の玄宗の時代、玄宗の「玄」という諡《し》号が示すように帝は道教を好まれ、当時、道教が国教とされたのであるが、その玄宗の天宝元年、荘子に南華真人、列子に沖虚真人の号を追贈し、その書を南華真経《なんがしんぎょう》、沖虚真経と称するようになったが、このことはおのずから、道教において『荘子』が重要な位置を占めていたことを示すものである。

清談と『荘子』

清談の誕生

後漢についで生まれたのが魏《ぎ》の王朝であるが、魏の末期から次の王朝の晋《しん》にかけては、知識人たちにとってまことに暗い時代であった。魏王朝の宰相の家であった司馬氏は、魏の王朝を倒し、禅譲《ぜんじょう》の形式によって政治権力をみずからの手中におさめるべく、実に親子三代にわたって、着々とその遠大な計画を実行していった。表向きは、司馬氏が人徳があり、天子たるにふさわしいという世論をおこし、その世論に乗って政権を自己の家にもたらそうとしたのである。一方、裏面にあっては、司馬氏の動きに批判的な勢力を、次々と消していった。この司馬氏が、やがて宿願どおりに魏を倒して、次の晋の王朝を開いたのである。

このような暗い谷間の時期にあたって、知識人たちは、政治批判を含む論議ができなくなり、やむなく「清談」と称する政治論議除外の抽象議論をもてあそびながら、自分たちの心の憂さを晴らそうとした。「清談」にあわせて、「五石散《ごせきさん》」という一種の精神安定剤が流行したりもした。その間のことは、魯迅《ろじん》の講演筆記「魏晋の気風と文学と薬と酒との関係」(『而已集』所収。岩波新書『魯迅評論集』にもおさめられている。)に詳述されていて、すでに有名である。この「清談」の中心話題に選ばれたのが、当初は『易《えき》』と『老子』をめぐる議論であったが、後には、『荘子』の哲学がその主要な話題になった。

いわゆる「清談」というのは、魏《ぎ》の正始年間（二四〇―二四八）、何晏《かあん》・王弼《おうひつ》の談論からおこったとするのが一般的説である。その説は、清《しん》の趙翼《ちょうよく》の、『廿二史箚記《さつき》』に提示されている（巻八、「六朝清談之習」）。ついで、阮籍《げんせき》・嵇康《けいこう》を中心とするい

魯迅

わゆる「竹林の七賢」があらわれた。

何晏（一九〇―二四九）は、魏の王室につながりのある人で、魏の曹爽《そうそう》が司馬懿《しばい》（晋の高祖宣帝を追号された人）に反抗してクーデターをおこしたときに、それに参加したために、司馬懿のために殺された。『易』や『老子』の注をしるした学者として知られている。

王弼（二二六―二四九）は、若くして没した俊才であったが、その『易』の注、および『老子』の注は、今日なお、もっとも権威ある注として継承されている。

六朝《りくちょう》時代の貴族文人の逸話をしるした『世説新語』という本に、次のようなはなしを載せる。

何晏は、『老子』の注ができあがったときに王弼を訪れた。王弼の注釈がみごとなのをみて驚き、降参していった。「かかる人にしてはじめて〝天人《てんじん》の際《さい》〟（天道と人道との関係。『漢書』董《とう》

竹林の七賢の図

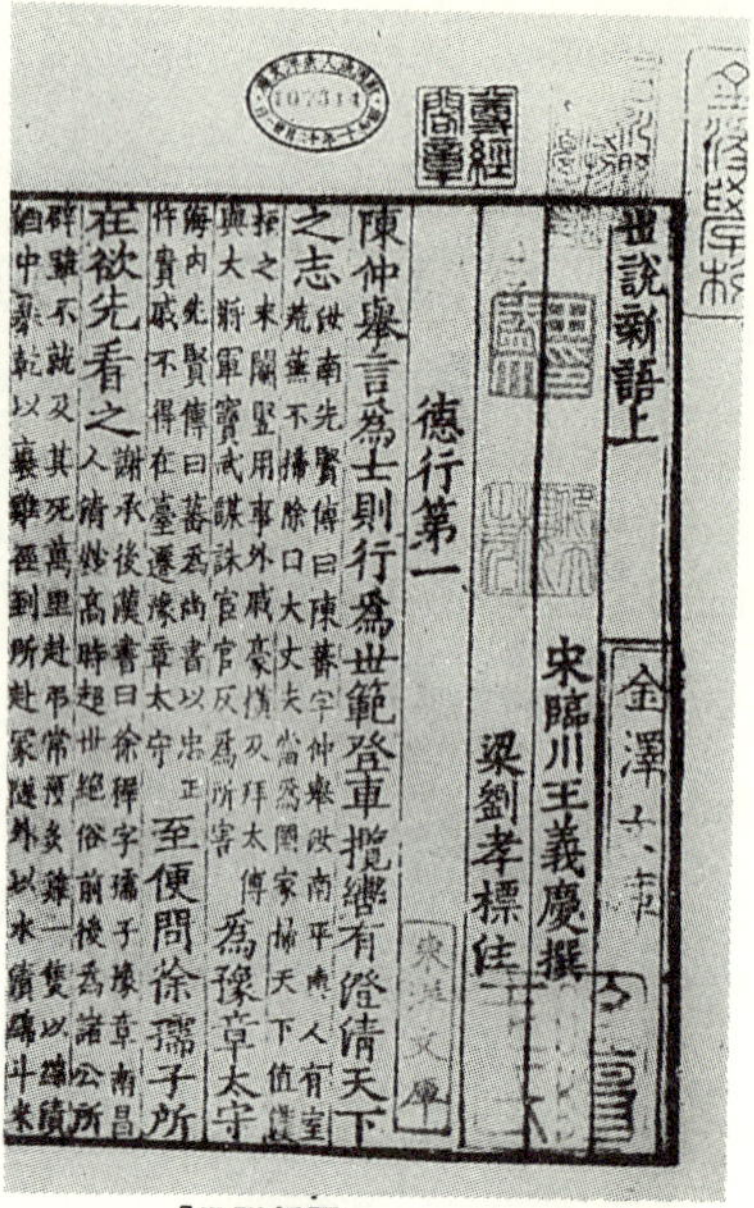

『世説新語』
（前田尊経閣蔵宋本）

仲舒《ちゅうじょ》伝のことば。）を論じうるというものだ。」

かくして何晏は、自分の註を「道論」「徳論」の二篇の論文にした。（『世説新語』文学篇）

このはなしは、さらに同じく文学篇に、別には次のようにもしるしている。

　何晏が『老子』の注を書いてまだ完成しないころ、王弼にあった。王弼は自分から『老子』の注の趣旨を説明した。何晏の考えはそれにくらべて劣っていることが多かったので、一言もなく、ただ承るだけだった。かくて何晏は注釈を作らぬことにし、そこで「道徳論」を書いたのだ。（『世説新語』文学篇）

こうした事情があって、何晏の注というのは残っていないが、何晏、王弼ともども『易』と『老子』の注をつけたということは注意される。当時の「清談」の中心課題が、『易』と『老子』であったからである。

何晏・王弼についであらわれたのがいわゆる「竹林の七賢」で、「清談」の名はいっそう有名になった。七賢とは、

竹林の七賢

阮籍《げんせき》　二一〇―二六三
嵇康《けいこう》　二二三―二六二
山濤《さんとう》　二〇五―二八三
向秀《しょうしゅう》　二二一?―三〇〇ごろ在世
阮咸《げんかん》　?―?
王戎《おうじゅう》　二三四―三〇五
劉伶《りゅうれい》　二一〇?―二七〇?

の七人をいう。魏の末期から晋にかけて、今日の河南省修武県の地、当時嵇康が寓居していた山陽県の近くの竹林にこもって、世俗の動きを白眼視し、「清談」に憂さを晴らした。それゆえ一に、「山陽の会」ともいう。

このうちもっとも有名なのは阮籍と嵇康であるが、この二人は同時に、当代の代表的哲学者であったので、おのずから「清談」の中心的存在であった。

この時期になると、「清談」の中心的話題は『荘子』になった。七賢のうちの向秀も、『荘子』の注をつけた人として知られている。『世説新語』にいう、

『荘子』に注をつけた者は数十家もいたが、『荘子』の本質を究めた者はなかった。向秀は、これまでの注のほかに「解義」をつくり、『荘子』のすぐれた趣旨をみごとに分析し、大いに玄風を発揚させた。(『世説新語』文学篇)

向秀が『荘子』に注をつけるまでに、『荘子』に注をつけた者が「数十家」もいたというのであるから、いかにそのころ『荘子』がブームになっていたか推測できよう。「玄風」とは「玄学」の気風ということで、「清談」というのと実質にかわりはない。「玄学」ということばは、やがて仏理の探求が進むにつれ、易・老・荘・仏を含めた学問を総称することになるが、「竹林の七賢」のころは、まだ仏教理論が加味されるまでに至らなかった。

「竹林の七賢」の指導的位置にあった阮籍も嵇康も、ともに『荘子』については深い理解があった。少しく阮籍・嵇康と『荘子』とについて考えてみよう。

阮籍と『荘子』

阮籍には、「通易論」「通老論」にならんで、「達荘論」「大人先生伝」がある。この二つの論文は、阮籍の『荘子』に対する認識の深さをよく示すものである。

「達荘論」は、「客」と「先生」との問答という形で論が進められているが、そのなかで「客」が『荘子』の思想を要約しながらも、『荘子』の論理はひとりよがりではないかという。それに対して、「先生」は、次のようなことばを引用しながら、『荘子』の哲学の本旨を解説してゆく。

其ノ異《こと》ナル者ヨリシテ之《これ》ヲ視レバ、則《すなは》チ肝膽《かんたん》モ楚越《そえつ》ナリ。其ノ同ジキ者ヨリシテ之ヲ視レバ、則チ万物ハ一体ナリ。（内篇、「徳充符」第五のことばを少しくかえたもの。）

小ヨリシテ之ヲ視レバ、則チ万物小ナラザルハ莫《な》シ。大ヨリシテ之ヲ観《み》レバ、則チ万物大ナラザルハ莫シ。（内篇、「斉物論」第二にいう趣旨をくみとって、いいかえたもの。）

故《か》クテ死生ヲ㠯《もつ》テ一貫ト為《な》シ、是非ヲ一條ト為スナリ。（「徳充符」のことばを少しくかえたもの。）

これらのことばは、『荘子』の内篇にいうところにもとづくものであるが、いずれも『荘子』にとっての主要な発言であり、よほど『荘子』に通暁していなければいえることばではない。しかも阮籍は、最後に『荘子』の批判のことばまで加えている。

「大人先生伝」は、阮籍・嵇康の共通の師であり、当時、沈黙の隠者として蘇門山（河南省輝県の西北）にかくれ住んでいた孫登をモデルにして綴ったものであるが、その「大人先生」は、『荘子』的哲学の実践者として描かれている。文中、「大人先生」が「大人」というものの存在を定義して、次のようにいう。

夫《そ》レ大人ナル者ハ、乃《すなは》チ造物ト体ヲ同ジクシ、天地ト並ビ生ジ、浮世ニ逍遙シテ道ト與《とも》ニ成リ、変化散聚シテ其ノ形ヲ常ニセズ。

「大人先生」は、『荘子』の逍遙遊を、現実に実行している大人物であるとする。「大人先生伝」はまさしく、『荘子』的世界の当世版なのである。

「大人先生伝」において阮籍は、世俗の人間を、「裩《こん》」（ふんどし）のなかの「虱《しつ》」（しらみ）にたとえる。「ふんどし」の「しらみ」は、ぬいめのひだにもぐりこんで、そここそよい住居だとし、飢えたときには人の肌をかじって、食べ物には不自由しないと得意になっているが、いったん火にあえば、すべての「しらみ」は「ふんどし」のなかで焼かれてしまうではないか。限られた俗世界に安住している者は、ちょうど「ふんどし」の「しらみ」と同じなのだ、と説く。このはなしは阮籍の創作に成るものであるが、『荘子』の寓言のおもしろさを再現させるものである。

嵇康と『荘子』

嵇康のもっとも代表的な論文は「養生論」で、『文選《もんぜん》』に収められている。「養生論」は、いかにしたら長生きできるかというくふうを説いたもので、「導養理ヲ得ルナレバ、以《もっ》テ性命ヲ尽クス」とし、その「導養」のくふうを述べた。

結論的にいうならば、長生きをするためには、心の養い方がたいせつだ、怒りや怨みなどの、いっさいのストレスを去れ、と嵇康はいう。

神《こころ》内ニ躁《さわ》グトキハ、形ハ外ニ喪《うしな》ハル。

であるから、できた人物はおのずから次のようなくふうをするのだ。

性ヲ修メテ以テ神ヲ保チ、心ヲ安ンジテ以テ身ヲ全ウス。愛憎ヲ情ニ棲《す》マシメズ、憂喜ヲ意ニ留メズ。

このようにして心を平静に保ち、外物の刺激に動かされることなく、そのうえで「服食」にくふうをはらうならば、長寿を保つことが可能である、と説く。長寿をえるための具体的なくふう、生活のモットーとして、嵆康は次のようなことばを掲げる。

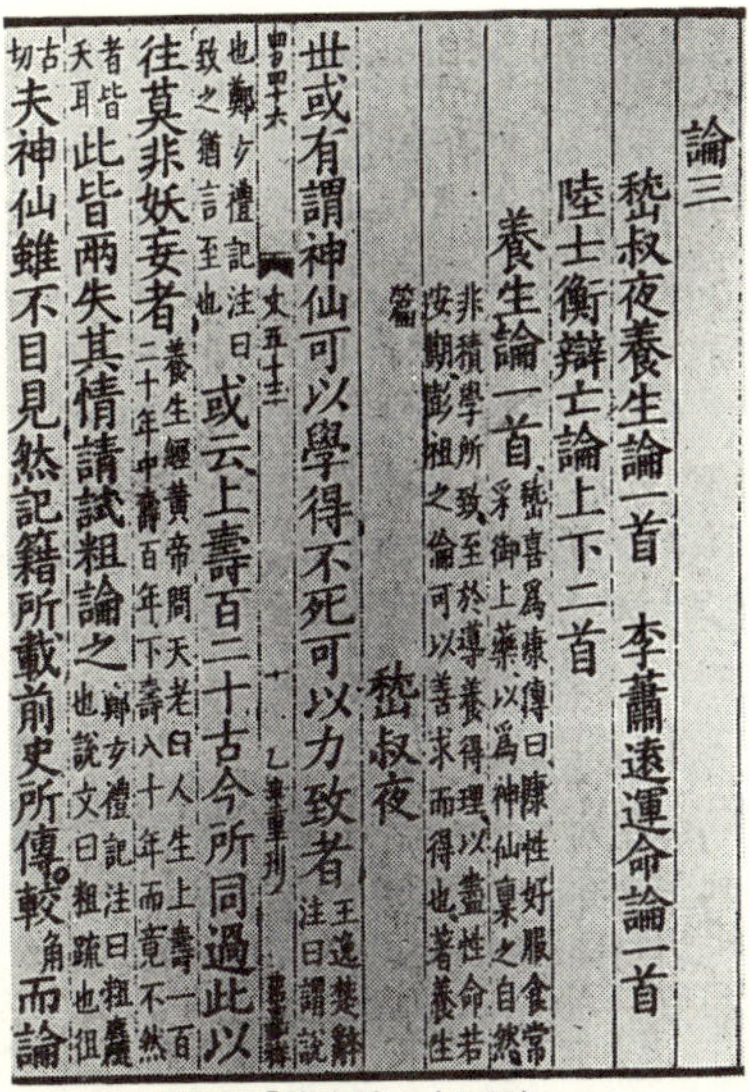
論三
嵆叔夜養生論一首　李蕭遠運命論一首
陸士衡辯亡論上下二首
養生論一首　嵆喜爲康傳曰康性好服食常采御上藥以爲神仙稟之自然非積學所致至於導養得理以盡性命若安期彭祖之倫可以善求而得也著養生篇
嵆叔夜
世或有謂神仙可以學得不死可以力致者　王逸楚辭注曰謂說
或云上壽百二十古今所同過此以往莫非妖妄者　養生經黃帝問天老曰人生上壽一百二十年中壽百年下壽八十年而竟不然者皆天耳　鄭玄禮記注曰致之猶言至也
此皆兩失其情請試粗論之　鄭玄禮記注曰粗麤也說文曰粗疏也徂古切
夫神仙雖不目見然記籍所載前史所傳較　角　而論

嵆康『養生論』（文選）

清虚静泰ニシ、私ヲ少クシ欲ヲ寡《すくな》クセヨ。曠《こう》然トシテ憂無ク、寂然トシテ思慮無カラシメヨ。

このようにして、「無為自得」なれば、長寿が可能になる、と「養生論」はいう。

この嵆康の「養生論」は、『荘子』の「養生主」の考え方、および「真人」のあり方を、嵆康の思考において濾《ろ》過《か》させて、その時代にあうようにアレンジさせたものである。

健康を保持するためには、ストレスをでき

る限り少なくすることが肝要であるという考えは、廿世紀のカナダの学者セリエ博士の説でよく知られているが、実はその説と同じことを、三世紀の嵆康がすでにいっていたのである。そして、嵆康のその考えは、『荘子』にもとづくのであった。

郭象の『荘子』注

「清談」は、晋の王朝においてもなお盛んであった。晋代にあって「清談」は、貴族文人にとって学問討論の場でもあり、社交の場でもあった。かつては山林にかくれた反抗者たちの談論であった「清談」が、晋王朝においては、有力者のサロンにおいて、さながら今日の学会と同様に、表だって行なわれるようになった。「清談」に理解のある貴族がサロンを設けると、そこにいろいろの学者たちが集ってきた。西晋の末、恵帝の光熙《こうき》元年（三〇六）晋の王室の人である東海王越（晋王朝の開祖である宣帝司馬懿《い》の弟の孫）が太傅《たいふ》（三公の一。太師につぐ高官）となってサロンを開くや、そのもとに名のある学者たちが集ったが、その一人に郭象がいた。郭象は、東海王越のもとで、主簿《しゅぼ》に任ぜられた人であるが、その郭象が『荘子』のテキストをきめるとともに、その注をつけた。現存する『荘子』の古注の唯一のものが、この郭象注である。

『世説新語』に、郭象注『荘子』をめぐって、次のようなはなしをしるしている。

向秀は、「秋水」「至楽」（『荘子』の外篇にある）の二篇の注をつけ終わらぬうちに没して

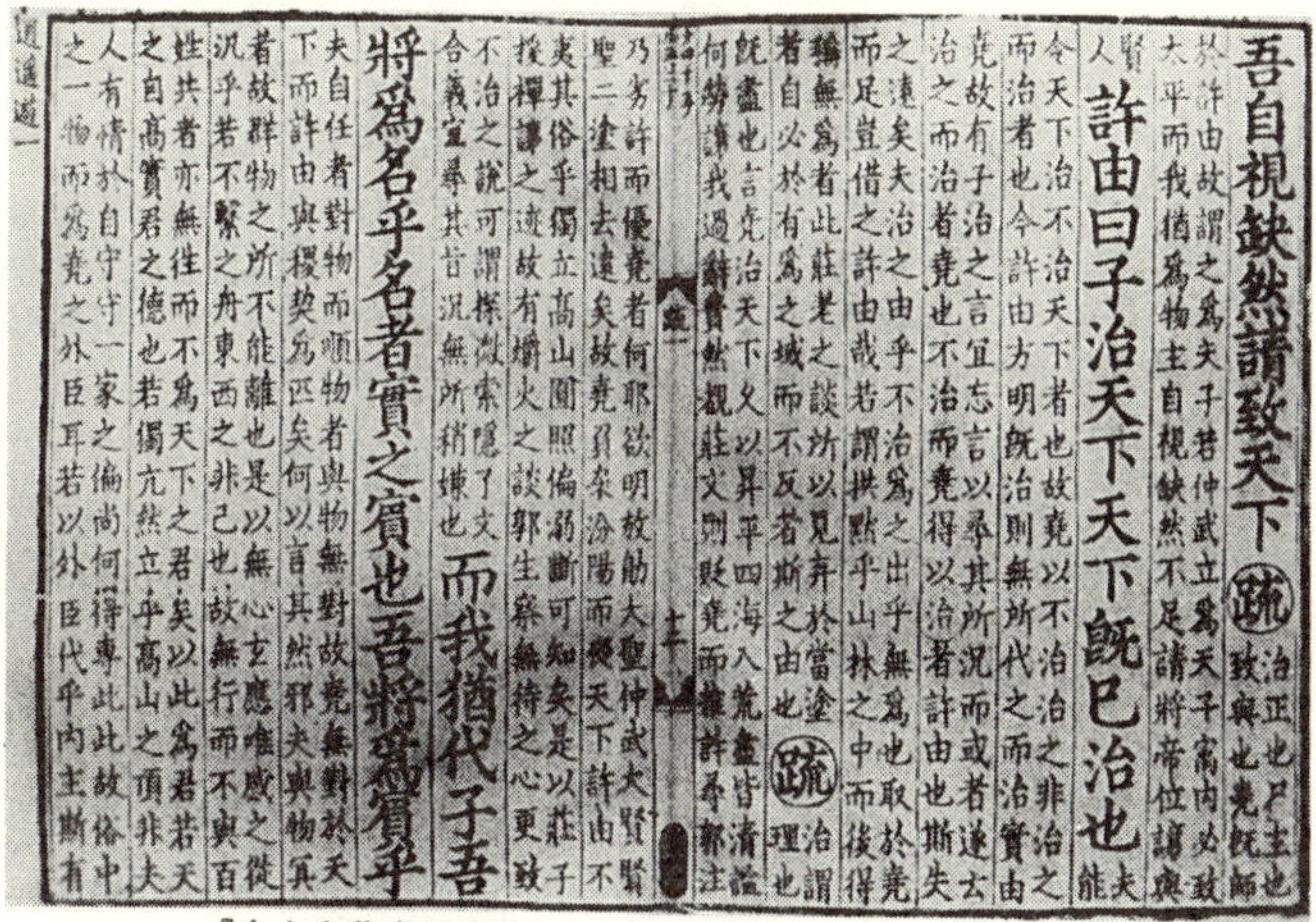

吾自視缺然請致天下（疏）治正也尸主也致與也堯既師
於許由故謂之爲天子君仲武立爲天子寓内必致太平而我猶爲物主自視缺然不足請將帝位讓與
賢人許由曰子治天下天下既已治也夫能
令天下治不治天下者也故堯以不治治之非治之而治者也今許由方明既治則無所代之而治實由
堯故有子治之言宜忘言以尋其所況而或者遂云治之而治者堯也不治而堯得以治者許由也斯失
之遠矣夫治之由乎不治爲之出乎無爲也取於堯而足豈借之許由哉若謂拱默乎山林之中而後得
稱無爲者此莊老之談所以見弃於當塗者自必於有爲之域而不反者斯之由也（疏）治謂理也
既盡也言堯治天下久以昇平四海八荒盡皆清謐何勞讓我過爲實然觀莊文則貶堯而推許尋郭注
乃劣許而優堯者何耶欲明放勛大聖仲武大賢賢聖二塗相去遠矣故堯負扆汾陽而喪天下許由不
夷其俗乎獨立高山圖照偏溺斷可知矣是以莊子援禪讓之迹故有爝火之談郭生察無待之心更致
不治之說可謂探微索隱了文合義宜尋其旨況無所稍嫌也而我猶代子吾
将爲名乎名者實之賓也吾將爲賓乎
夫自任者對物而順物者與物無對故堯無對於天下而許由與稷契爲匹矣何以言其然邪夫與物冥
者故群物之所不能離也是以無心玄應唯感之從汎乎若不繫之舟東西之非己也故無行而不與百
姓共者亦無往而不爲天下之君矣以此爲君若天之自高實君之德也若獨亢然立乎高山之頂非夫
人有情於自守守一家之偏尚何得専此此故俗中之一物而爲堯之外臣耳若以外臣代乎内主斯有
逍遙遊一

『**宋本南華真経注疏**』（成玄英の疏　静嘉堂文庫蔵）

しまった。（中略）郭象は、人となりが軽薄であったがなかなかの秀才で、向秀の解釈が世に伝わっていないことを知るや、自分の手で「秋水」「至楽」二篇の注を書きたし、また、「馬蹄」篇（外篇）の注を書きかえたが、そのほかの諸篇については、ところどころ表現を改めただけであった。（『世説新語』文学篇）

郭象が向秀の注をほとんどそっくり盗用したのだという右の説は、どうも事実ではないらしい。郭象の注がなかなかのできばえであったことに対する中傷として、そうしたうわさが出たものらしい。それほど郭象の注は、過去の諸説にふまえて、よくできていた。ただし郭象注は、たとえば「逍遙遊」の解釈をはじめとして、『荘子』そのものの思想とは若干くい違うところがある。郭象は『荘子』に注をつけるという形で、当時の社会に即しつつ、みずからの考えを語ろうとした傾向があるが、いまそのことに深くたちいることは省略しよう。ともあれ、今日『荘子』の古注としてたよることができるものは、この郭象の注が唯一のものなのである。唐の成玄英《じょうげんえい》は、この郭象注に、「疏《そ》」（注の注釈）をつけた。

支遁と『荘子』 郭象の時代、「清談」の仲間にすでに支孝竜という坊さんが参加していたが、やがて西晋が滅んで東晋になるや、支遁《しとん》（道林）という著名な坊さんが、「清談」の代表的存在になった。

支遁（三一四―三六六）は、若いころは老荘の学を好んだが、後に仏教に入信し、廿五歳のときに出家して東晋の都の建康（いまの南京《ナンキン》）に出てきて、貴族社会の談論に参加し、大いに活躍した。こうしてしだいに「清談」は、易・老荘に仏教を加味する「玄学」となり、老荘と仏教とが接近してゆく道を開いた。

この支遁が、『荘子』の解釈に、しばしば新機軸を出した。そのことをしるすのは、これまた『世説新語』である。いう、

『荘子』の「逍遙遊」は、昔から難解とされ、名のある学者たちが研究したが、郭象・向秀の上を出る解釈はえられなかった。支遁は白馬寺において、馮《ふう》太常（馮懐）と談論したが、そのとき「逍遙遊」に及ぶと、郭・向二家の上にたつ新見解をうち出し、諸家と異なる解釈を示した。その解釈は、これまでの諸学者が到達できなかったもので、以後、支遁の解釈が広く用いられる

ようになった。(『世説新語』文学篇)

『荘子』「逍遙遊」篇についての支遁の見解の大要は、『世説新語』のその部分につけられた梁《りょう》の劉孝標《りゅうこうひょう》の注において要約されている。「逍遙遊」ということをいかに解釈するか、それは『荘子』的世界の当代的理解と、解釈者の姿勢とを示すものである。それゆえにこそ郭象には郭象の解釈があり、支遁には支遁の新解釈が生まれたのであるが、支遁の解釈には新しい見解があるとして、当時の人々に高く評価された。

もし今日、「逍遙遊」の解釈をするということになれば、またおのずから、支遁とは違った解釈も可能であろう。古典の解釈というものは、実はそうしたものであって、解釈するという形をとおして、その時代に生きる自己を語ることなのだ。そうしたときに、郭象の解釈、支遁の解釈をいまさら忠実になぞってみたところでしかたがない(専門的研究としてそれらを考察の対象にするのは別にして)、ということにもなろうから、支遁の解釈なるものを紹介することも省いて先を急ぐ。

『世説新語』には、さらに支遁と王羲之《おうぎし》をめぐって、別のはなしを伝える。当時の代表的貴族文化人であり、書家としても著名な王羲之が、会稽《かいけい》(いまの江蘇《こうそ》から浙江《せっこう》にまたがる郡)の内史《ないし》(郡の長官)であったとき、支遁はこの高名な王羲之に面会を求めて『荘子』の「逍遙遊」について論じた。支遁は、数千言のみごとなことばをつらねて、王羲之をすっかり感心させた。(『世説新語』文学篇)王羲之(三〇三―三七九)は、支遁よりも十一歳先輩であった。

王羲之

支遁の『荘子』解釈をめぐって、さらに別のはなしを『世説新語』はしるす。あるとき支遁が、王濛《おうもう》の家で、許詢《きょじゅん》（当時の代表的詩人）や謝安（もっとも有名な貴族文化人）などを前にして、『荘子』の「漁父篇」（雑篇第三十一）をパラリと開いてたちまち七百語ほどの新解釈をほどこし、一座の人たちを驚嘆させたというのである。これらのはなしは、支遁がいかに『荘子』に通じていたかを、よく伝えるものである。

『荘子』と仏教

支遁の『荘子』新解釈というのは、根底に仏教思想をふまえての解釈であった。それゆえに、仏教思想にうとい当時の貴族文化人を驚かせたのであるし、その解釈が、新解釈として大いに喧伝されたのであった。すでに郭象が活躍していたとき、仲間に支孝竜という坊さんがおり、老荘と仏教とはしだいに近い関係になりつつあったが、東晋のすぐれた仏教徒でもあり、同時にすぐれた老荘学者でもあった支遁が、当時の「清談」の指導的地位を占めるにともない、仏教の哲学と老荘の哲学が融和され、保守的な貴族知識人に仏教の哲理を理解させるために、在来土着の老荘の思想、とくに『荘子』の説話が、利用されたのであった。

老荘思想と仏教との関連において、支遁が占めた役割は大きい。支遁は、当時の貴族文化人にもっとも尊敬され、信頼された学僧であったので、支遁の説く『荘子』の説は、それがすなわち仏教の哲学でもあるとして理解されたし、仏教の哲学も、老荘の哲学も、本質においてはひとつなのだという安心感をも人々に与え、かくして支遁は仏教を中国に土着させるのに大きな働きをなしたのであった。

中国の仏教は、やがて禅という、中国の文化・風土に即した中国仏教を生み出したのであるが、禅に作用した『荘子』の力は大きい。そのことについては次項に述べるが、禅と『荘子』とを結合させる源をなしたのは、「清談」の徒と僧侶とのつきあいであり、とくに東晋の玄学における支遁の位置が大きかったことを、忘れてはならない。

禅と『荘子』

禅の誕生と『荘子』

禅は、中国で形成された代表的な中国仏教であるが、その始祖は、インドからの渡来僧達磨《ダルマ》（?―五三六、ただし諸説あり）である。達磨が中国に来て、梁の武帝に謁見したはなしはよく知られているが、この始祖のときからして、はやくも受難の歴史が始まっていた。達磨も実は毒殺されたのだという説がある（関口真大『達磨の研究』岩波書店）。達磨の弟子、慧可断臂《えかだんぴ》で知られた禅宗第二祖の慧可（四八七―五九三）の時代、北周の武帝の建徳三年（五七四）、仏教・道教は大弾圧をうけた。このとき慧可も、一時江南に避難したが、この大弾圧の過程に、禅はかえって地方に浸透し、地方に定着していったといえる。

弾圧をうけて寺から追放された禅僧たちは、仏像も、経文も、住居もない状態のもとにあって、なお静かな土地を求めては、仏法を守るべく、ひたすら坐禅にはげんだ。こうして禅は、口先で仏法を説かず、生きることのなかに安心立命の悟りをつかむ宗教として、いよいよ深まっていった。経文すら持たぬ禅者は、心のかてとして『荘子』に親しんだということがあったのではないかと思われる。『荘子』もまた、限りない白眼と加害とをうけ続けた落人部族的小国に生まれた哲学である。禅と『荘子』とは、そもそもの出発において、通いあうものがあった。
「不立文字《ふりゅうもんじ》」をたてまえとする禅は、その思想形成の過程をあまり詳細に記録していないので、禅思想の形成を文献でたどることは困難であるが、その思想形成の過程において『荘子』がはたした役割は大きかったに違いない。福永光司氏に「老荘と仏教」と題する論文（東京書籍高校通信「国語」一一一号、昭和三七年七月）があり、その間のことを具体例をあげて論じている。

道は何《いづ》くに在りや

『荘子』の寓話と、禅の説き方とが似通うものは、思いのほかに多い。たとえば、『荘子』外篇、「知北遊」第二二に、次のはなしがある。

東郭子《とうかくし》が荘子に尋ねた。「道といわれるものは、どこにあるのでしょうか。」荘子、「どこにでもあるさ。」東郭子、「限定していただけるとありがたい。」荘子、「螻蟻《むしけら》に在るよ。」東郭子、「なんと、ひどくさがりましたね。」荘子、「稊稗《ひえつぶ》に在るよ。」東郭子、「いよいよさがりましたね。」荘子、「瓦甓《かわら》に在るよ。」東郭子、「ますますひどい。」荘子、「屎溺《しにょう》（くそ小便）に在る。」東郭子はついに沈黙してしまった。

このあと荘子は東郭子に、「あなたの質問は本質的でない。ものごとはさがればさがるほど、実体に似るというものだ」という趣旨のことを述べる。東郭子とは、東郭に住む隠者という意であろう。

芭蕉

「道は何くに在りや」という問答は、禅においてしばしばなされる。そうした問答のなかでもっとも有名なのは、「いかなるか是《こ》れ仏」という問いかけに対して、「乾屎橛《かんしけつ》」と答えたという雲門和尚の答えである。そのはなしは、「五燈会元《えげん》」や「無門関」にみえる。雲門和尚というのは、雲門宗（禅の一派）の始祖である雲門文偃《もんえん》（八六四—九四九）であろうが、「乾屎橛」とは、くそかきべら、もっとも不浄な存在である。昔は用便の処理に紙を用いず、くそかきべらを使用したらしいのであるが、そのもっとも低級な存在物であるべき「乾屎橛」のなかに、仏、すなわち真理、すなわち道は存在するのだ、と雲門は答えたのであった。

この禅問答は、「知北遊」のはなしとたいへんに趣向が似ている。おそらくは『荘子』から発した機知であったであろう。なおついでに付記するならば、芭蕉の「奥の細道」、尿前《しとまえ》の関（宮城県鳴子町）での作とされる句、

蚤虱《のみしらみ》馬の尿《しと》する枕もと

（「尿する」は「ばりする」と読むべしとする説もある。）

の発想のもとには、『荘子』の「道は屎溺《しにょう》に在り」があったのではないかとする説もある（神田秀夫「日本における荘子」大修館書店「漢文教室」第一〇三号、昭和四七年）。

父母未生《みしょう》以前の汝

「知北遊」篇には、また次のはなしがある。

冉求《ぜんきゅう》（孔子の弟子）が仲尼《ちゅうじ》（孔子）に尋ねた。「いまだ天地有らざるときのさまを知ることができましょうか。」仲尼、「できるね。昔もいまも同じじゃ。」冉求はそれ以上に質問ができずに退いた。翌日、また尋ねた。「きのうはわかったように思いましたが、きょうになってみますと、またわからなくなりました。「未《いま》ダ天地有ラザルトキ」のさまは、「古《いにしへ》ハ猶《な》ホ今ノゴトシ」というお答えでしたが、いったいどういうことなのでしょうか。」仲尼、「きのうわかったと思ったのは、そなたが「神」（真智）でうけとめたからだ。きょうになったらわからなくなったというのは、「神」でないもの（りくつ・分別）でわかろうとしたからだ。道というものは、「古《いにしへ》モ無ク今モ無ク、始メモ無ク終リモ無シ」なのだ。子孫を持たぬのに子孫のことを考えるとしたら、どうだろう、それと同じことではないか。」

この問答は、内篇、「大宗師」第六にいう、

夫《そ》レ道ハ、（中略）未ダ天地有ラザルトキ、古ヨリ以テ固《もと》ヨリ存ス。

とある哲理を、一つの寓話のなかに説こうとしたものであろう。

禅の方で、「父母未生《みしょう》以前の汝」、あるいは「天地未分以前の汝」、その汝の本体は何か、といった問答がある。いま、『景徳伝燈録』という宋代に編集された書物に引かれているはなしをとりあげてみよう。

唐の名僧、潙山霊祐《いさんれいゆう》（七七一―八五三）は、百丈懐海《えかい》（七二〇―八一四）の高弟であったが、その懐海を師としてともに学んだ弟弟子に、香巌《きょうげん》智閑という僧がいた。この智閑は、俊才のほまれ高く、よく勉強をしていた。師の懐海の没後、兄弟子の霊祐につこうとして訪れたが、その智閑に対して潙山霊祐は、痛棒を一発かませた。そのときのはなしを、『景徳伝燈録』巻十一にしるされているところによって紹介する。

潙山霊祐、「お前が日ごろはげんだ経文《きょうもん》の解釈や知識などは問うまい。おまえがまだ母の胎内から出ぬとき、まだ東西もわからなかったときのおまえの本分はどうじゃった。一言でいってみい。それによっておまえを知ろう。」香巌智閑は、何とも答えられず、しばらく沈吟して、やっと数語の答えをさがし出したが、潙山はそんなことでは許さない。ついに香巌は、「どうかお教えいただきたい」と降参した。しかし潙山はいう、「わしがいってみたところで、それはわしの見解、そなたの生き方には何の益《やく》にもたつまい。」

つき放された香巌智閑は、いおりにもどるや、これまで勉強したノートやメモなどを、はじからひっくりかえしたが、答えになるようなものは一つも出てこない。そこで知った。「画にかいた餅（画餅《がべい》）は、しょせん腹を満たすことができぬのだ。」勉強したものをすべて焼き捨て、以後は一介《いっかい》の雲水として修行しなおすことにし、泣きながら潙山のもとを辞し、その昔慧忠《えちゅう》国師（？―七七五）が修行にはげんだ遺蹟にいおりを結んで修行をした。

あるとき、山中で木を切っていたとき、瓦礫《がれき》が竹にあたって「カチーン」と音がした。その音を聞いた香巌は、破顔一笑、突如として悟った。さっそくいおりにもどるや、沐浴《もくよく》して香をたき、はるか潙山の方向に礼拝して賛を奉った。「和尚の大悲恩は父母に逾《こ》ゆ。もしあのとき、わたしのために説いてくださっていたら、今日の大悟はなかったであろう。」

このはなしは、「知北遊」の「未有天地可知邪」（未ダ天地有ラザルトキ知ル可《べ》キカ）の問答とも共通するし、また、「瓦礫」から「道」を悟ったというくだりは、同じく「知北遊」の「道ハ瓦甓《へき》ニ在リ」というくだりと共通するものがある。

『荘子』と禅とは、どこかで深くかかわりあっている。外篇の最後の篇である「知北遊」篇は、とくに禅者とのつながりが密接のようであるが、それはどうしてなのであろうか。いま答えることができないが、考えるべき現象である。

一無位の真人《しんにん》

臨済宗《りんざいしゅう》の始祖、臨済義玄（？―八六七）の語録を集めた『臨済録』に、「一無位《いちむい》の真人《しんにん》」というはなしが載せられている。臨済禅師が、あるときの説法で、

赤肉団上《しゃくにくだんじょう》（生身の肉体上の意）に、一無位の真人有り、常に汝等諸人の面門より出入す。未だ証拠《しょうこ》せざらん者は、看《み》よ看《み》よ。

といったという。この「一無位の真人」というのは、「仏」をさしていうのであるが、「真人」ということばは、すでに説いたごとく、そもそもが『荘子』から出たものである。

また臨済は、

無位の真人は、是れ什麽《なん》の乾屎橛《かんしけつ》ぞ。

といい、その「真人」を説明して、

火に入りて焼けず、水に入りて溺れず。

といったと『臨済録』にある。この「真人」の説明は、「大宗師」第六にいう「真人」の説明を踏襲している。

臨済は、『荘子』を利用しながら、「仏」を説いたのであった。仏教が、中国仏教として定着する過程において、老荘の思想、とくに『荘子』の説法に借りるところが少なくなかった実例を、この場合もみることができる。

牧牛《ぼくご》と黙雷《もくらい》

禅において、心の修行過程を戯画化した「牧牛《ぼくご》の図」というのがある。牛飼いの童子と牛とを登場させ、牛を心になぞらえる。はじめのうち、牛飼いの童子は、牛をおっかけまわすのにあくせくしている。そのうち牛飼いは、牛をならして、牛の背に乗って悠々《ゆうゆう》と漫歩できるようになる。次には、童子は昼寝をしていても、牛は一定のわく内を離れることはない。童子は童子としての自由を楽しみ、牛は牛の自由を楽しむ。そして最後には、牛もなく、童子もなく、牛と童子とまったく一に化して、画面はただの空白になる。

この「牧牛の図」と、『荘子』の内篇、「養生主」第三にしるされている「庖丁《ほうてい》」の神技に近い牛の解剖のはなし、そこに至るまでの苦心談とは、発想において似ているところがある。「牧牛」の考え方も、『荘子』からヒントを得ているに違いない。

牧牛の図

『荘子』の外篇、「在宥《ざいゆう》」第十一に、天下に臨む「君子」が、「無為」に徹するならば、「淵黙ニシテ雷声アリ」という。また、外篇、「天道」

維摩居士像（宋　李公麟）

第十四においては、孔子が老聃にあったあと、弟子たちに向かって、まるで竜のような存在に出あった、と語るのをうけ、子貢《しこう》が、「雷声ニシテ淵黙シ、発動シテ天地ノ如キ者有ルカ」と尋ねたことをしるす。

『維摩経《ゆいまきょう》』に、「維摩ノ一黙ハ雷ノ如シ」というが、この『維摩経』にいうことばは、『荘子』にいう「淵黙ニシテ雷声」あるいは「雷声ニシテ淵黙」から出ているに違いない。唐宋の間、禅僧は『荘子』のこの「淵黙ニシテ雷声」「雷声ニシテ淵黙」を愛用した。京都建仁《けんにん》寺に、竹田黙雷という老師も、かつておられた（一九二九没）。

漢訳仏典に、老荘のことばはしきりに用いられている。そうしたことの細部にわたる実証的研究は、まだ十分になされてはいないが、「仏」を「真人」をもって説いたり、ネハン（煩悩《ぼんのう》から解き放された状態）を「無為」をもって説いたり、また「寂」（寂漠の寂）をもって説いたり、その他、いろいろとある。しかし、禅と『荘子』との関係は、単にことばの利用だけにあるのではない。内面的な思考構造、論理の進め方において、しきりに『荘子』的発想を利用するのである。そのことを本格的に論ずるのは、実は大問題であって、実証のためには専門的論文をまず作ってゆかなければならないので、いまはおおむねの考えの方向をしるすにとどめておく。

文学と『荘子』

『荘子』が、もっとも強い投影をもたらしたのは、文学の世界においてであった。そもそも『荘子』は、「天下」篇において荘子学派の人が述べているごとく、寓言を中心とする文学的発想にきわだった特色があったのだ。その寓話は、ともかくもおもしろい。しばしば奇想天外である。そしてその寓話の底には、一つの論理があり、哲学があり、思想があった。その特性、そのおもしろさを、後の文学者がみのがすはずはなかった。

文学者と『荘子』

文学は、多かれ少なかれ、人間および社会を、アウトサイドからながめるという視点を必要とする。実務社会のインサイドにおいては、かりにレトリックのくふうにおいてすぐれたものが生まれても、批判にはおのずから限界があり、自由な批判精神に即した思いきった発言は期待しにくい。もしそれを存分にやってのけようとすると、その人はおのずから、アウトサイダーにならざるをえない。文学者というものは、例外なくそうした存在である。

アウトサイダー的精神が活発な人にとって、『荘子』は、心を遊ばせるのにまことにかなった書物であった。そこには、あらゆる世俗の権威をあざ笑い、屈した心を伸ばし、いこわせる自由がある。『荘子』には、多次元の思考が、無際限に展開されているように、視点をかえ、次元をかえた思考を展開させることが可能ならば、人生は限りなく楽しくなり、人生に落胆は無用になる。『荘子』には、人間の知恵の無限の可能性が秘められている。まことに正体のつかまえがたい茫洋の書であるが、それだけにどこを読んでも、かたまった頭を柔軟にするに役だつ。中国の文学者たちは、『荘子』のそうした価値をよくえとくしていて、心が屈したり、人生にゆきづまったりしたときには、『荘子』を思いおこした。

それゆえ、すべての名のある文学者たちは、例外なく、いつのときにか、『荘子』の世界に引きよせられた。文学者と『荘子』について説こうとするならば、したがって、たくさんの事例、材料が存在する。いまはもっとも代表的な文学者若干をとりあげて、その文学者の『荘子』への傾斜を考えてみることにする。

陶淵明と『荘子』

陶淵明（三六五―四二七）は、人生と文学との問題を真剣に考えた、中国で最初の人であった。それ以前の文学は、政治の従属物、思想の従属物であるか、あるいは、そうしたことからはみ出た感情をなぐさめいやすための、自己慰安の道具でしかなかった。しかし陶淵明は、文学的人間にとっての真の自由は何かということを、まともに考え続けた。思想において自由の書としては『荘子』があった。いきおい陶淵明は、『荘子』の世界にひか

五柳先生図（横山大観筆）

れていった。陶淵明は、文学の世界において『荘子』的世界の可能性をたしかめ、それを実践しようとした最初の人であったといえる。

陶淵明は、たとえばうたう、

行止　千万端
誰か　非と是とを知らん
是非　苟《いやし》くも相《あひ》形《あらは》るれば
雷同して　共に誉《ほ》め毀《そし》る
三季より　此の事多し
達士は爾《しか》らざるに似たり
咄咄《とつとつ》たり　俗中の愚
且《しば》らく当《まさ》に　黄《こう》・綺に従ふべし

行止千萬端
誰知非與是
是非苟相形
雷同共譽毀
三季多此事
達士似不爾
咄咄俗中愚
且當從黃綺

（「飲酒」二十首〈其六〉）

「行止」、人間のさまざまな行動。「三季」、夏・殷《いん》・周三代の末の世。すなわち、周の滅亡後、秦・漢以降の社会をいう。「咄咄」、舌うちするさま。「黄・綺」、秦末の乱を避けて商山にかくれ住んだ四皓《しこう》（四人の老人）のうちの二人、夏黄公と綺里季《きりき》をさす。

この詩にいう人の思想・行動はさまざまで、是と非の基準がおいそれとたつものではないという考え方は、『荘子』内篇、「斉物論」第二にいう次のことばを、当然意識しているはずである。

故《か》クテ儒・墨ノ是非有リ。而《しか》シテ其ノ非トスル所ヲ是トシ、其ノ是トスル所ヲ非トス。
彼《かれ》モ亦一是非、此《これ》モ亦一是非。

『荘子』はすでに述べたごとく、是非はすべて相対的なものであるから、一方的にどちらが正しく、どちらがあやまりとはいえない。だから「道枢」にたてと主張するが、陶淵明のこの詩では、「達士」は「雷同」しないのだといい、是非の争いの外に超然と隠棲《いんせい》した商山の四皓にあやかりたいという。「達士」ということばは、『列子』に求められることばであるが、『荘子』外篇第十九には、達人の生き方について述べた「達生」篇というのがある。「飲酒」〈其六〉の詩は、なまの形で『荘子』を引かないが、その考えの基底にあるのは、『荘子』そのものである。

陶淵明は、人間にとって「真」の生活とは何か、「真」の境地はどういうところに求められるのか、をたえず追及していた。

真を衡茅《あばらや》の下《もと》に養ひ　　養真衡茅下
庶《こひねが》はくは善を以て自《み》に名づけん　　庶以善自名

ともいう。この「真」ということばは、儒家の古典にはみえず、『荘子』においてはじめて、そしてしきりに用いられることばである（『老子』にも、「其ノ精ハ甚《はなは》ダ真ナリ」〈二十一章〉とあるていどで、とくに「真」に特別の価値を求めていない）。たとえば、雑篇、「漁父」第三十一をこころみにとりあげるならば、次のように「真」ということばがしきりにみえる。

　真トハ、精誠ノ至リナリ。

　真ナル者ハ、天ヨリ受クルモノナリ。自然ニシテ易《か》フベカラザルナリ。

　聖人ハ、天ニ法《のっと》リ真ヲ貴《たっと》ビテ、俗ニ拘《かかわ》ラズ。愚者ハコレニ反ス。

　陶淵明は、『荘子』にいう「真」の世界、それは絶対自由の世界であるともいいうるが、現実社会においてその「真」を追い求め続けた。「真」を発見した喜びをうたったものが有名な「帰去来の辞」であり、次に掲げる「飲酒」二十首〈其五〉である。

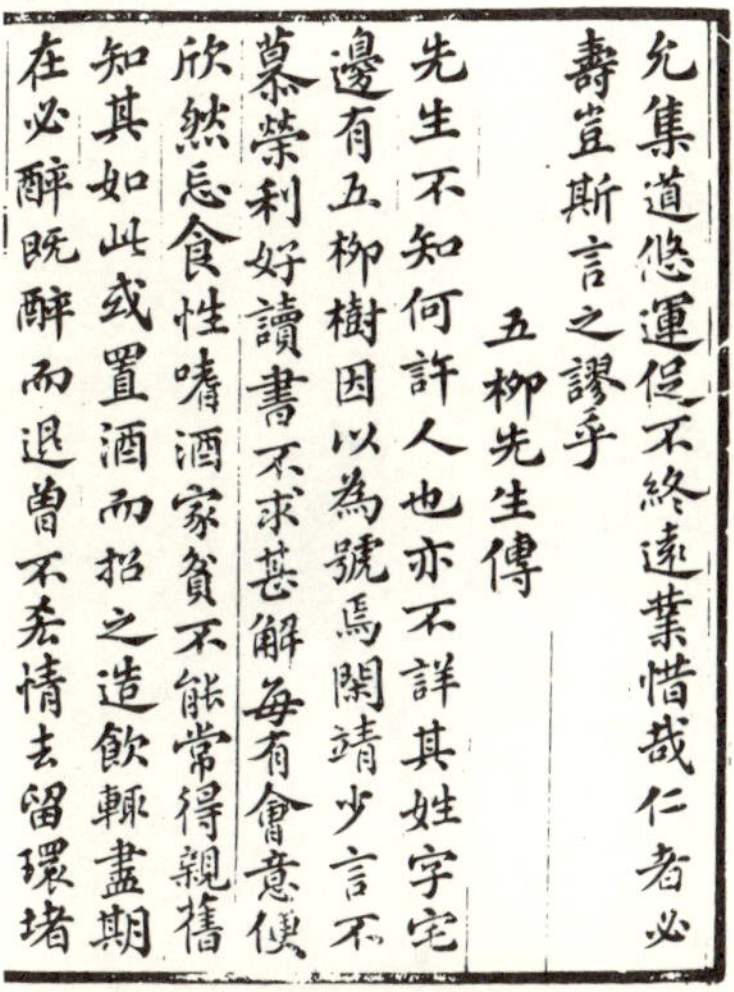
允集道悠運促不終遠業惜哉仁者必
壽豈斯言之謬乎
五柳先生傳
先生不知何許人也亦不詳其姓字宅
邊有五柳樹因以為號焉閑靖少言不
慕榮利好讀書不求甚解每有會意便
欣然忘食性嗜酒家貧不能常得親舊
知其如此或置酒而招之造飲輒盡期
在必醉既醉而退曾不吝情去留環堵

蘇軾筆『陶淵明集』

廬《いほり》を結びて　人境に在り
而《しか》も　車馬の喧《けん》無《な》し
君に問ふ　何ぞ能《よ》く爾《しか》ると
心遠ければ　地　自《おのづか》ら偏《へん》なり
菊を采《と》る　東籬《とうり》の下《もと》
悠然《ゆうぜん》として　南山の見ゆ
山気　日夕に佳《よ》く
飛鳥　相与《あひとも》に還《かへ》る
此中《ここ》にして　真の意有り

結廬在人境
而無車馬喧
問君何能爾
心遠地自偏
采菊東籬下
悠然見南山
山気日夕佳
飛鳥相與還
此中有真意

辯ぜんと欲すれば
已《すで》に言を忘る
欲辯已忘言

「此中《ここ》」は「其中《そこ》」と同様、限定された極点を示す当時の通用語である。ふつうに読まれているように「此の中《うち》」ではない。

李白吟行図

陶淵明は、政治権力の社会からまったく離れ、自然のなかに一市民としての生活に埋没したとき、なんの変哲もないささやかな日常性の生活の瞬時に、『荘子』にいう「真」の境地を発見した。その喜びをうたったものが、この詩である。陶淵明が、『荘子』に示されたような絶対自由の境地、絶対自由の世界をあこがれ続けていたことは、もはや論をまたない。

李白と『荘子』

李白（七〇一—七六二）は、まことに型破りな詩人であった。かれは当時の知識人が一様に志した官吏への夢を、そもそも持たなかった。官吏採用試験に応募する気はさらさらなく、若いころから道教の世界を好み、道士になることをしんけんに考えていた。四十四歳のときその夢がかなない、正式に道士の資格をえたのであったが（当時は道教が国教で、道士の資格をうるのは容易ではなかった）、そうした人物であるから、いきおい『荘子』への造詣も深かった。

こころみに、「古風」と題する五十首の連作のうちの〈其九〉をとりあげてみると、そこには『荘子』内篇、「斉物論」第二の「夢に蝴蝶となる」のはなし（「物化」のはなし）が、直接にとりあげられている。

荘周　蝴蝶を夢み　　荘周夢蝴蝶
蝴蝶　荘周と為《な》る　　蝴蝶爲荘周
一体　更《こもごも》変易《へんえき》し　　一體更變易
万事　良《まこと》に悠悠　　萬事良悠悠
（以下、略）　　（古風〈其九〉）

荘周が夢に蝴蝶になったというはなしは、すでにしるしたので（六十四ページ）省略するが、この詩は、李白が『荘子』を好んだことを端的に示している。

李白の文に、「春夜桃李園に宴するの序」と題する有名な美文がある。その一文は、次の句から始まる。

夫《そ》レ天地ハ万物ノ逆旅《げきりよ》ニシテ、光陰ハ百代ノ過客ナリ。

このことばは、芭蕉に感動を与え、「奥の細道」の書き出しのことば、

「春夜宴桃李園図」（明　仇英筆）

月日は百代の過客にして、行きかふ年も又旅人也《なり》。

となるのであるが、この李白の「天地は万物の逆旅」というい方は、『荘子』のことばを意識の底に置いていたのではなかったか。

そのことは、これまでの注者のいわぬところであるが、外篇、「知北遊」第二十二に、

世人ハ直《た》ダ物ノ逆旅為《た》ルノミ。

ということばがある。「世人」を「天地」にかえれば、李白のことばになる。「万物」ということばは、雑篇、「則陽」第二十五にある。

今物ノ数ヲ計《はか》ルニ、万ニ止《とど》マラズ。而《しか》ルニ期シテ万物ト曰《い》フハ、数ノ多キ者ヲ以テ、号《よ》ビテコレヲ謂《い》フナリ。是ノ故ニ天地ハ形ノ大ナルモノナリ。……

「知北遊」篇のことばは、世俗の人々が外物の刺激に迷わされることをいうもので、李白のいうところと趣旨は異なるが、口調はそっくりである。李白は、『荘子』則陽篇

の「万物」「天地」などをも思いうかべながら、このスケールの大きいみごとな句を作ったのではなかったか。李白という人間は、『荘子』にいう逍遙遊を、身をもって体現したような、野放図《のほうず》な人間であった。

杜甫と『荘子』

李白とはまったく対比的に、気まじめであり、儒家的教養に強く影響されたと考えられる杜甫（七一二―七七〇）が、実はなかなか『荘子』にも通暁していた。

杜甫像

杜甫の詩に、しきりに『荘子』の影があらわれるのは、杜甫四十八歳、それまで五年ほど続いていた官吏としての生活に別れをつげ、在野の詩人として生きることを決意した時期の作品群においてである。たとえば、官をやめたあとの立秋の日の作、「立秋後題」にはいう、

平生　独往の願《ねがひ》　　平生獨往願
惆悵《ちゆうちやう》たり　年半百《ごじゆう》　　惆悵年半百

日ごろ、「独往」の願いを抱き続けながら、俗事

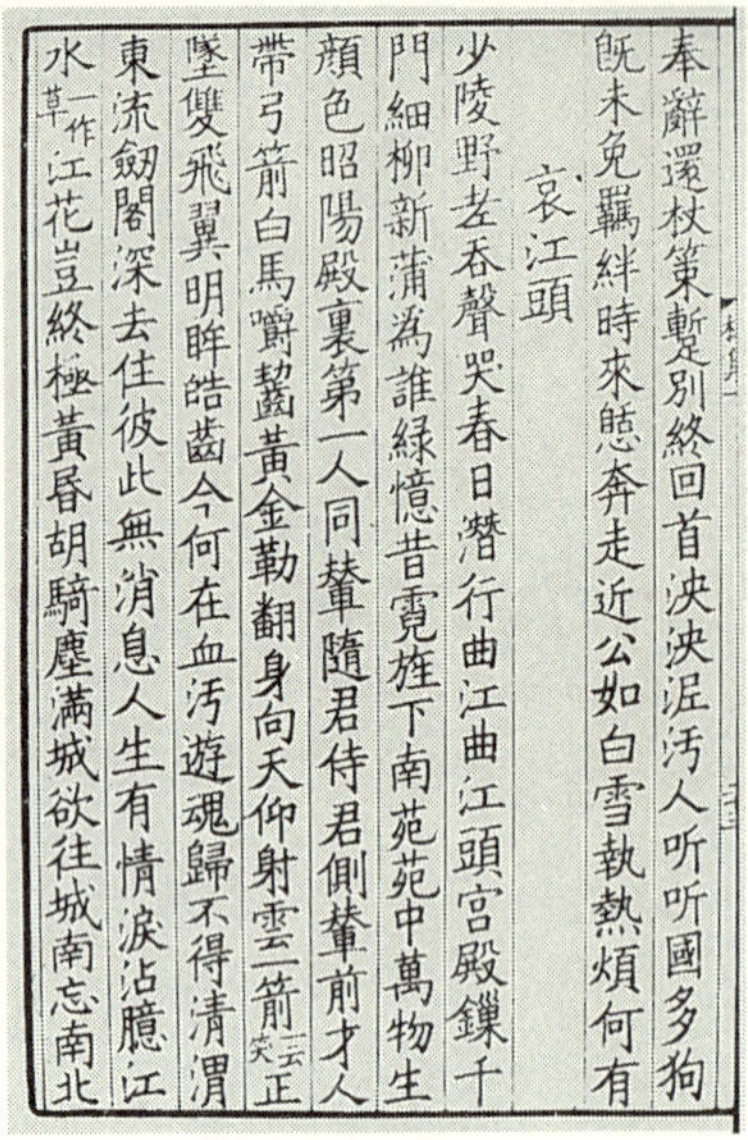
奉辭還杖策暫別終回首泱泱泥汚人听听國多狗
既未免羈絆時來憩奔走近公如白雪執熱煩何有
哀江頭
少陵野老吞聲哭春日潛行曲江曲江頭宮殿鏁千
門細柳新蒲爲誰緑憶昔霓旌下南苑苑中萬物生
顏色昭陽殿裏第一人同輦隨君侍君側輦前才人
帶弓箭白馬嚼齧黄金勒翻身向天仰射雲一箭一云笑正
墜雙飛翼明眸皓齒今何在血汚遊魂歸不得清渭
東流劍閣深去住彼此無消息人生有情淚沾臆江
水一作草江花豈終極黄昏胡騎塵滿城欲往城南忘南北
『宋本杜工部集』

にかまけて、五十に近い年を迎えてしまったというのであるが、この「独往」の願いというのは、『荘子』外篇、「在宥」第十一の次のことばを意識しているはずである。

六合《ろくごう》ニ出入シ、九州ニ遊ビ、独往独来スル、是《こ》レヲ独有ト謂《い》フ。

「独往願」とは、『荘子』的逍遙遊への志向をいう。

「立秋後題」をうたって後のある日、杜甫は家族をつれて、秦州の地に旅だった。このとき杜甫は、「秦州雑詩」と題する五言律詩二十首の連作を吟詠するのであるが、その最後の首、第二十首の終わりは、次の句で結ばれる。

鷦鷯《しょうりょう》は　一枝に在り　　鷦鷯在一枝

自分のせめてものなぐさめは、「みそさざい」の一枝の巣のようなこの寓居での、ささやかな平和な生活なのだ、とうたうのであるが、このことばは、『荘子』、「逍遙遊」第一の、

鷦鷯ハ深林ニ巣クフモ、一枝ニ過ギズ。

にふまえるものである。杜甫は、『荘子』が描いた細部への注視もおこたらない。

白居易と『荘子』

白居易《はくきょい》（七七二―八四六）も『荘子』を好んだ。白居易の「酒に対するの詩」と題する七言絶句にいう、

蝸《か》牛角上《ぎゅうかくじょう》　何事をか争ふ
石火光中《せきかこうちゅう》　此の身を寄す
富《とみ》に随《したが》ひ貧に随ひて　且《しばら》く歓楽せん
口を開きて笑はざるは、是《こ》れ癡人《ちじん》

蝸牛角上争何事
石火光中寄此身
随富随貧且歓楽
不開口笑是癡人

白居易像

この前半の二句は、『和漢朗詠集』巻下、無常にも引かれていて、日本でも古くから知られているが、この第一句は、『荘子』の寓話をそのまま句にしたものである。雑篇、「則陽」第二十五に、戴《たい》晋人《しんじん》という無為の道の体得者が、魏王に

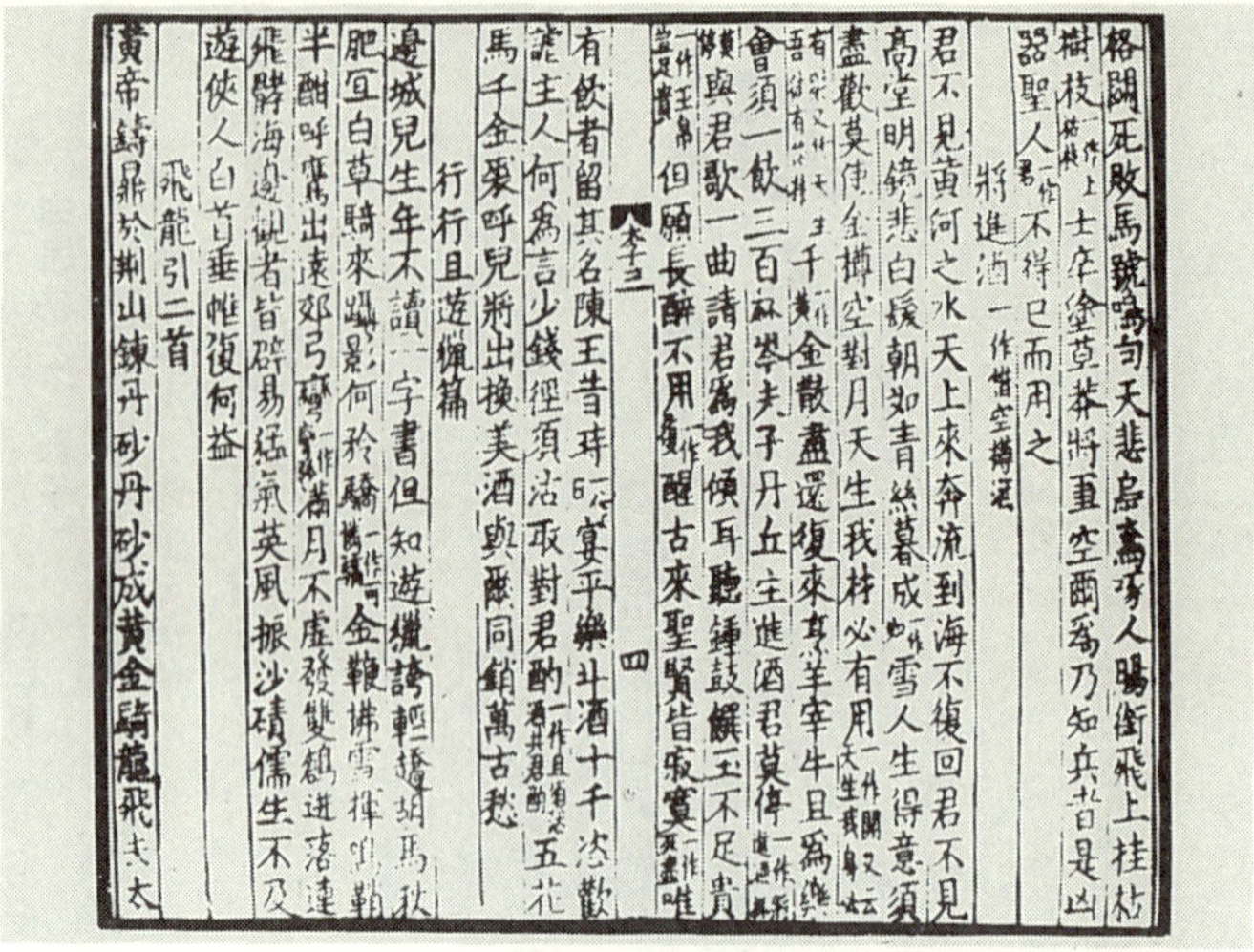
格鬪死敗馬號鳴向天悲烏鳶啄人腸銜飛上挂枯樹枝士卒塗草莽將軍空爾爲乃知兵者是凶器聖人不得已而用之

將進酒

君不見黃河之水天上來奔流到海不復回君不見高堂明鏡悲白髮朝如青絲暮成雪人生得意須盡歡莫使金樽空對月天生我材必有用千金散盡還復來烹羊宰牛且爲樂會須一飲三百杯岑夫子丹丘生進酒君莫停與君歌一曲請君爲我傾耳聽鍾鼓饌玉不足貴但願長醉不用醒古來聖賢皆寂寞惟有飲者留其名陳王昔時宴平樂斗酒十千恣歡謔主人何爲言少錢徑須沽取對君酌五花馬千金裘呼兒將出換美酒與爾同銷萬古愁

行行且遊獵篇

邊城兒生年不讀一字書但知遊獵誇輕趫胡馬秋肥宜白草騎來躡影何矜驕金鞭拂雪揮鳴鞘半酣呼鷹出遠郊弓彎滿月不虛發雙鶬迸落連飛鞚海邊觀者皆辟易猛氣英風振沙磧儒生不及遊俠人白首下帷復何益

飛龍引二首

黃帝鑄鼎於荊山鍊丹砂丹砂成黃金騎龍飛上太

『宋本李太白文集』

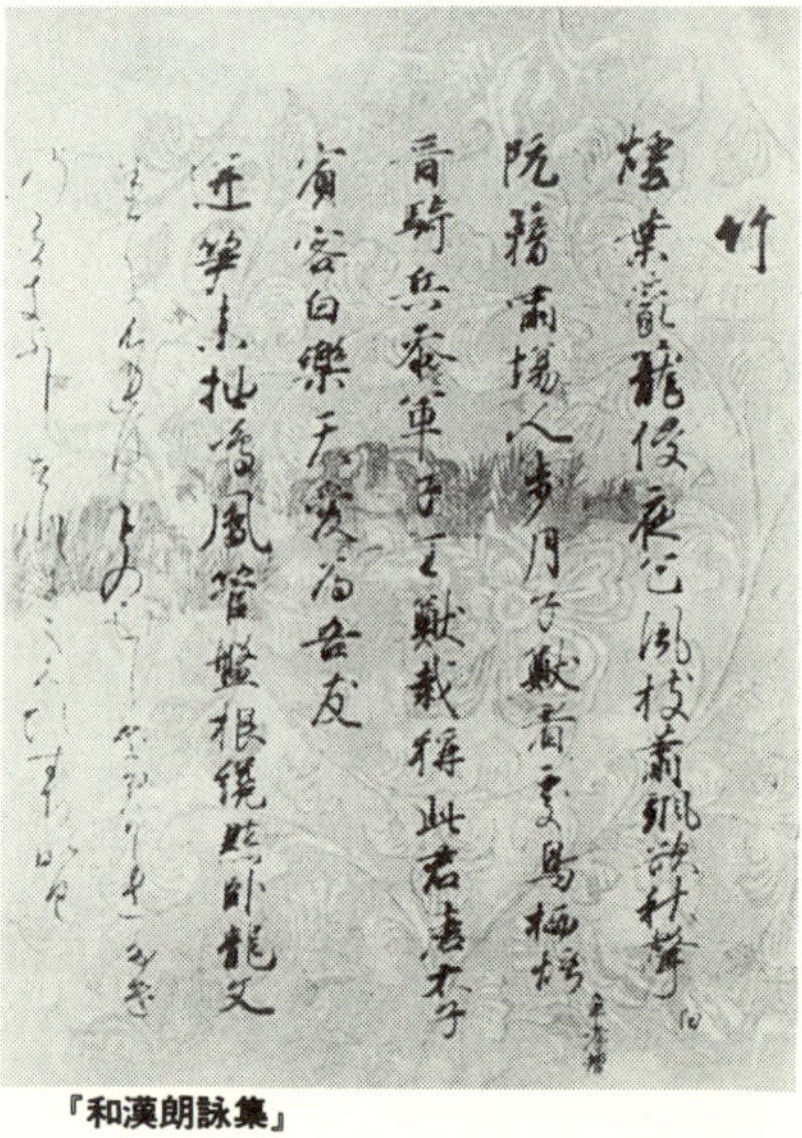

『和漢朗詠集』

次のはなしをする。

蝸《かたつむり》の左の角に国を持つ触氏と申す者と、蝸の右の角に国を持つ蛮氏と申す者が、あるとき領土争いをいたしまして、数万の戦死者を出し、負けた方を追撃しまして、十五日ほどしてもどってまいりました。

戴晋氏はこのはなしをまくらにして、魏王に、あなたは広大な宇宙からみるならば、この蝸の角に国を持つ蛮氏とかわりはないのだ、と論を進めてゆくのであるが、白居易はこの寓話を、あくせくした人間社会のたとえにしたのである。「石火」は、火うち石。人の一生は、火うち石の火が瞬間ひらめくのに似ているというのである。

植木職人せむしの郭さんのはなし

詩の例ばかりとりあげてきたので、ここらで文の世界を瞥見《べっけん》してみよう。白居易と同時代の人に、柳宗元（七七三―八一九）という詩人にして文章家がいた。韓愈《かんゆ》とともに、いわゆる古文復興運動というのをおこした、当代の代表的文学者である。

柳宗元に、「種樹郭橐駝《たくだ》の伝」というのがある。橐駝は、らくだ、つまりせむしである。植木職人、せむしの郭さんの伝記ということであるが、この郭さんが手がける植木は、どれもこれもみごとに生育するという、その道の達人であったが、この郭さんに「こつ」を尋ねると、郭さんは答えた。

　橐駝ハ能ク木ヲシテ寿《いのちなが》ウシ且《か》ツ孳《しげ》カラシムルニアラズ、能ク木ノ天ニ順ヒテ、以テ其ノ性ヲ致《すす》ムルノミ。

郭さんの「こつ」というのは、要するに、その木がほしがることを手助けしてやるだけで、木をそこなわないようにつとめるだけだ、人工を加えすぎると、むしろ木は死んでしまうのだ、という。この考え方は、『荘子』的考え方に根ざした植木論であり、教育論でもある。

柳宗元像

柳宗元は、気まじめな合理主義者として知られた人である。若いころ、少数の同志と、貴族や宦官《かんがん》を向こうにまわして政治改革運動をおこし、さながら『荘子』にいう「蟷螂《とうろう》」（かまきり）が車輪に抵抗するように（内篇、「人間世」第四、また、外篇、「天地」第十二にしるされているはなし）、貴族官僚たちを相手に闘ったのであったが、改革の夢はわずか半年で破れ、やがて地方官に左遷され、ついに四十七歳で僻《へき》遠の地で没した。

そのような気まじめな合理主義者にして、反面、『荘子』的教育論を説くところがあるのは、まことに興味深い。きびしい合理主義者ではあっても、中国知識人の教養として、一方においては『荘子』の哲学に関心を持っていたのであった。なお柳宗元については、拙著『唐代詩人論』〈下〉（鳳出版）において詳述したので、参照してもらえるとさいわいである。

「前赤壁賦」と『荘子』

宋代第一の文学者、蘇軾《そしょく》、字《あざな》は東坡《とうば》（一〇三六―一一〇一）に、「前赤壁の賦」という名文がある。

蘇軾像

壬戌《じんじゅつ》ノ秋、七月既望、蘇子客ト舟ヲ浮《うか》ベテ赤壁ノ下《もと》ニ遊ブ。

で始まる蘇軾四十七歳のときの作であるが、そこにおいて蘇軾は、一つの哲学を展開させる。

三国時代の古戦場赤壁（実はこのときの赤壁は、古戦場の赤壁ではなかったのであるが）を前にして、歴史をしのび、ここで活躍した英雄をしのび、人は亡ぶも自然は昔のままに残っていることに感無量になって、客人は、悠遠の自然のなかにおける小さな存在でしかない人間の姿と人生の無常を嘆いた。それに対して蘇軾はいう。

蓋《けだ》シ将《は》タ、其ノ変ズル者ヨリシテコレヲ観《み》レバ、則《すなは》チ天地モ曽《かつ》テ以テ一瞬ナルコト能《あた》ハズ。其ノ変ゼザル者ヨリシテコレヲ観レバ、則チ物ト我ト皆尽クル無キナリ。而《しか》ルヲ又何《またなに》ヲカ羨《うらや》マンヤ。

変化するという点からみるならば、天地だって一瞬たりと同じということはないではないか。しかしもし、変化しないという点からみるならば、自然も人間も、ともに、みな尽きるときはないではないか、そうしたとき、人間だけがはかない存在だと嘆くことは、まったくないではないか、と蘇軾は客をなぐさめた。この考え方には、蘇軾自身の哲学が秘められている。

しかしながら、その論理の展開のさせ方は、『荘子』の論理にあ

「前赤壁図」(大島逸記筆)

やかるものである。『荘子』内篇、「徳充符」第五にいう、

其ノ異ナル者ヨリシテコレヲ視《み》レバ、肝膽モ楚越ナリ。其ノ同ジキ者ヨリシテコレヲ視レバ、万物皆一ナリ。

「肝膽」は、肝臓と胆嚢。「楚越」はともに揚子江流域の国ではあるが、別々の国である。あるいはまた、外篇、「秋水」第十七にいう、

其ノ大ナル所ニ因《よ》リテコレヲ大トスレバ、則チ万物大ナラザルハ莫《な》シ。其ノ小ナル所ニ因リテコレヲ小トスレバ、則チ万物小ナラザルハ莫シ。

こうした論理の展開は、『荘子』のもっとも得意とするところであり、観点をかえることによって別次元の価値を発見するという『荘子』の特質をよく示すものであるが、蘇軾はこうした論理展開を利用して、『荘子』ふうに、別次元の価値を客人に説いたのである。

蘇軾は、儒・仏・道三学に通ずるといわれ、当時その学識の博大さは世の人々から尊敬されていたが、とくに『荘子』が好きであったようである。

あとがき

『荘子』のなかには、人間の知恵の無限の可能性が秘められている。いいかえるならば、そこには多次元の思考が展開されているといえる。あんなふうに、視点をかえ、次元をかえた思考が可能ならば、人生に落胆は無用であるし、人生は無限に楽しくなる。また、人間社会のあり方について、知恵が枯渇したことを嘆くことはまったくいらない。『荘子』のどのはなしをとりあげてみても、かたまった頭を柔軟にするのに役だつ。あきれるほど正体のつかまえがたい茫洋の書だ。それは、無限次元の思想の宝庫なのだ。だからこそ、『荘子』は、時間を超越して際限なく多くの人々に読まれ、愛されるのである。

権力の座にある者は、すべからく『荘子』をひもとくべし。権力というものが、いかにむなしいものであるかを知るであろう。権力なるものは、一時のものでしかないのだ。

失意の者は、さらに『荘子』をひもとくべし、視点をかえたとき、いかに悠遠な世界が別に開かれるかということに、改めて驚くであろう。この世に決定的な失意などというものは、ありはしない。ただ、とらわれた思考にもとづく、弾力性を失った袋小路《こうじ》というのがあるのみなのだ。

たえず幸福を追い求める者は、『荘子』をひもとくべし。幸福は至るところにころがっていることを発見するであろう。〝最大の幸福は、最小の欲望を持つことにある〟というインドの格言に示されたような知恵から、〝最大の幸福は、自分を棄て自分を忘れたところにある〟というヒッピー的知恵まで、『荘子』には示されている。その他、それらの中間に位置する多様な幸福の姿が、たくみな寓話をもって説かれている。

われわれはとかく、現実の姿や現象にとらわれがちであるが、その現象なるものは、実は一つの虚妄《きょもう》であるのにすぎないのだ、と『荘子』は考える。虚妄に引きずりまわされてはならない。『荘子』の知恵は、現象は虚妄であるという認識に出発し、虚妄に引きずりまわされないためには、どうあったらよいのかというくふうを深めてゆくのである。こうした知恵は、歴史と風土とにさんざんにいためつけられ、おしつぶされ、剝奪《はくだつ》され、それでもなお〝どっこい生きている〟中国なればこそ生まれた知恵であり、またそうした中国であればこそ、その哲学、その思想をよく理解し、はぐくんできたのであるといえる。『荘子』の考え方のなかには、もっとも中国的な思想傾向をうかがいみることができる。

近代文明の疲労ということが、最近ささやかれはじめている。近代文明は、要するところ、ヨーロッパの風土から成長した物質文明にほかならないが、ユーラシア大陸の東半の文明には、ヨーロッパ文明のひずみを是正しうる要素のものがたしかにある。『荘子』的考え方は、近代文明の疲労を是正するためにも、今後、しだいに大きな位置を占めてくるであろう。

昭和四十八年四月五日

参考文献

『荘子』の注釈書は、いろいろ出版されているが、入手しやすい最近の出版物に限って、左に記しておく。

市川安司・遠藤哲夫『荘子』上・下（明治書院・新釈漢文大系　上巻は『老子』と合冊）
福永光司『荘子』上・中・下（朝日新聞社・中国古典選）
金谷治『荘子』（全四冊）（岩波文庫）

研究書としては、次のものがある。

福永光司『荘子』（中央公論社・中公新書・一九六四）
大浜皓『荘子の哲学』（勁草書房・一九六七）

年表

荘周という人物の生・没年や経歴については、正確なところがわからないので、本書で扱った解説事項を中心とした年表を左に掲げる。

西暦	時代	人物	参考事項
八〇〇	西周		
七〇	東周　春秋時代		周室洛邑に遷都。以後を東周という。（前七七〇）
七〇〇			

三〇〇		四〇〇　三		五〇〇		六〇〇
東						周
戦国時代			春秋時代			
宋鈃・尹文	楊朱 墨翟		子思（前四三一？） 曾参（前四三六？） 孔子（前四七九）			
アリストテレス（前三二二） プラトン（前三四七）		ソクラテス（前三九九）				

紀元　一〇〇　二〇〇　六　二一　四九

前漢	秦	東周 / 戦国時代

彭蒙・田駢・慎到

孟子（前二八九）

荘周（前二八六？）

恵施・公孫龍

荀子（前二三八）

司馬遷（前八六？）

稷下の学（前三一八ごろ以降）

秦、東周を滅ぼす。（前二四九）

秦、天下を統一。（前二二一）

八	二五	一〇〇	二〇〇	二二〇	二六五	二八〇
	新	後漢		三国（魏・呉・蜀）	西晋（呉）	

何晏（二四九）・王弼（二四九）・嵇康（二六二）・阮籍（二六三）

王莽《おうもう》、前漢を倒し、新《しん》の皇帝を称す。（後八）

このころ仏教中国に伝来か。

蔡倫《さいりん》によつて、紙が発明された。（一〇五）

黄巾《こうきん》の乱（一八四）

道教の成立（後漢末）

竹林の清談

呉滅び、晋、天下を統一。（二八〇）

百済《くだら》から王仁が、「論語」「千字文」を日本に伝えた。（二八五）

年	王朝	人物	事項
三〇〇	西晋	向秀（三〇〇ごろ）	
		郭象	
一七	東晋	支遁（三六六）	
四〇〇			
二〇	宋	陶淵明（四二七）	
七九	斉		
五〇〇			
二	梁	達磨（五三六）	仏教日本に伝来。（五三八ごろ）
五七	陳		仏教・道教の廃毀。（北周の武帝・五七四）
八九	隋	慧可（五九三）	
六〇〇			

北　朝

さくいん

さくいん

慎到 ……… 13・40・140・141
申不害 ……… 145・146
聖人 ……… 17・20・55・84
　　　　　　　　　　　151
清談 ……… 100・104・105・106
　　　　　　　　　　　165
世説新語 ……… 56・58・61・65
　　　　　　　　　　104・106・165
全生保真 ……… 154
世諧記 ……… 165
斉譜記 ……… 165
禅 ……… 48・92・93・170
宋栄子 ……… 85・136
　　　　　　　　　　144・142・170
宋銒 ……… 136
宋人 ……… 171・172・176
蘇軾 ……… 49・55・56・176
孫登 ……… 18・195・196・197
太平道 ……… 100
達磨 ……… 170
竹林の七賢 ……… 100・104
　　　　　　　　　　196・197
沖虚真経 ……… 150
沖虚真人 ……… 150
張角 ……… 164
朝三暮四 ……… 154
張陵 ……… 164

帝王世紀 ……… 21
展禽 ……… 33
天人 ……… 89
田駢 ……… 13・140・141
陶淵明 ……… 103・112・113・118
　　　　　　　　　　156
道家 ……… 12・13・14・15・18
　　　　　　　　　　24・25・136・140・141
道経 ……… 62
道術 ……… 48・92・139・140・141
　　　　　　　　　　163
道枢 ……… 58
道徳 ……… 48・49・158
盗跖 ……… 89・92・100・122・135
杜荀鶴 ……… 126
杜甫 ……… 18・126・170・171
中井履軒 ……… 135
南華真人 ……… 19・154
南華真経 ……… 19・154
廿二史剳記 ……… 166
伯夷 ……… 89・97・98・99
白居易 ……… 89・171・172
芭蕉 ……… 126・127・176
万物斉同 ……… 58・176・176・89・250
百丈懐海 ……… 93・170
馮友蘭 ……… 100・108

福永光司 ……… 33・43・82・121
不惜身命 ……… 16
仏教 ……… 155・168・169・175
不立文字 ……… 171
不老不死 ……… 152
兵家 ……… 13・40・140・141
碧巌録 ……… 91
方術 ……… 19
彭蒙 ……… 13・40・140・141
墨家 ……… 13・140・141
墨家集団 ……… 15
墨子 ……… 13・135・145・146
墨子学 ……… 41・127・136
墨翟 ……… 42・46・140
牧牛の図 ……… 170
枕草子 ……… 18
無為の治 ……… 122・105・106
無用関 ……… 172
無用の用 ……… 79・82・85・89・90・91
名家 ……… 13・46・140・141・63
孟子 ……… 135・136・140・146・61
毛沢東 ……… 146
維摩 ……… 109
維摩経 ……… 170

楊朱 ……… 155・135・142
陸徳明 ……… 18
劉宋元 ……… 16・18・167・168
李白 ……… 68・127・171
柳下恵 ……… 33
柳宋元 ……… 152・129
劉孝標 ……… 166
臨済義玄 ……… 16
臨済録 ……… 170
歴物十事 ……… 142
列子 ……… 9・97・100・101
　　　　　　　　19・27・103・121・134
列禦寇 ……… 13・135・150・155
老子 ……… 7・9・18・19・20
　　　　　　　　24・27・28・29・40
老聃 ……… 18・19・20・100・101
老子道徳経 ……… 42
老子学派 ……… 25・40・42
六才子書 ……… 126
魯迅 ……… 40・135
論語 ……… 110・131
論衡 ……… 110
和漢朗詠集 ……… 191

荘《そう》　子《し》■人と思想38　　定価はカバーに表示

1973年11月30日　第1刷発行©
2016年3月25日　新装版第1刷発行©

・著　者 ……………………………… 鈴木《すずき》　修次《しゅうじ》
・発行者 ……………………………… 渡部　哲治
・印刷所 ……………………………… 広研印刷株式会社
・発行所 ……………………………… 株式会社　清水書院

〒102-0072　東京都千代田区飯田橋3-11-6
Tel・03(5213)7151～7
振替口座・00130-3-5283
http://www.shimizushoin.co.jp

検印省略
落丁本・乱丁本は
おとりかえします。

Century Books

Printed in Japan
ISBN978-4-389-42038-3

CenturyBooks

清水書院の〝センチュリーブックス〟発刊のことば

近年の科学技術の発達は、まことに目覚ましいものがあります。月世界への旅行も、近い将来のこととして、夢ではなくなりました。しかし、一方、人間性は疎外され、文化も、商品化されようとしていることも、否定できません。

いま、人間性の回復をはかり、先人の遺した偉大な文化を継承して、高貴な精神の城を守り、明日への創造に資することは、今世紀に生きる私たちの、重大な責務であると信じます。

私たちがここに、「センチュリーブックス」を刊行いたしますのは、人間形成期にある学生・生徒の諸君、職場にある若い世代に精神の糧を提供し、この責任の一端を果たしたいためであります。

ここに読者諸氏の豊かな人間性を讃えつつご愛読を願います。

一九六七年

清水梼之

SHIMIZU SHOIN